JN086245

保育ナビ
ブック

子ども一人ひとりがかがやく

個別指導計画

～保育現場の実践事例から読み解く～

市川奈緒子（白梅学園大学）
仲本美央（白梅学園大学）

「個別指導計画」の学びの場が広がることを目指して

はじめに

本書のはじまり

　私たちはフレーベル館の編集者と共に2019年より3年間、2か月に1度のペースで掲載される『保育ナビ』の原稿執筆のために、全国の保育現場へと足を運び、取材をしてきました。「インクルーシブ保育」の実現に向けての環境・計画・体制づくりに力を注いでいた当時の保育現場の取り組みは豊富な内容ばかりで、毎回わずか4,000文字弱ほどの誌面では収め切れないものでした。同時にその取り組みは、どの保育現場においても共通する理念や方針はありつつも、環境・計画・体制づくりに関して同じということは全くなく、各現場が保育を向上し続けていました。どの保育現場においても多様な子どもたちの育ちを受け止め、試行錯誤や創意工夫をしながら、今の保育では立ち行かない壁を一つひとつ乗り越えながら保育を営む姿があったのです。

探究の道筋で導き出された "現場の声"

　このことを目の当たりにした私たちは、この取材と同時進行で、「個別指導計画」の立て方についてより理解を深めていこうと、全国の保育現場に向けての質問紙調査に着手しました。すると、実際の保育現場では次の3つの実態があることが明らかになりました、

　まず、「インクルーシブ保育に取り組むうえでの困難」があることがわかりました（次ページの図）。この困難の背景には、保育者の確保ができない、保護者との関係性の問題、園の運営がいきづまる、行政との連携がうまくいかないなどの外部要因と、園内連携がうまくいかない、専門性の確保ができない、園の共通理念が育たないなどの内部要因があり、そのことによって子どもへの対応がうまくいかないという状況が生まれていました。

　次に、そのような困難な実情がありながらも、「インクルーシブ保育」に向けて特色ある取り組みを懸命に行っている園がいくつも存在していることがわかりました。その取り組みは、子どもに対する保育内容の展開の工夫や懸命に取り組む保育者をサポートする仕組み、当事者同士の関係性の構築、専門性の確保、保育現場の共通認識、関係機関などとの連携、保護者支援並びに連携などであり、各園は「インクルーシブ保育」の実現に向けて様々なことに励んでいました。これまでの私たちが訪問した取材先と同様に創意工夫をこらした独自の取り組みがありました。

　最後に、「個別指導計画」については、作成する前の判断から作成、作成後の活用までの一連の流れと方法において、様々な取り組みがあるということがわかりました。まず、「個別指導計画」を作成する際には、各保育現場の方針に則り

対象者の選定や作成時期を検討していました。そして指導計画を作成するうえでも、クラス全体の指導計画の中に個別の指導計画を含めて作成する方法と、一人ひとりに対して「個別指導計画」を作成する方法の2パターンがあり、特に一人ひとりの「個別指導計画」の作成時には、職員間・専門機関が連携して協働で作成していました。また、子どもの保育のためだけに作成するのではなく、保護者や職員間同士などとの情報共有や共通理解を深めるために活用している実態がありました。

　このことから、「インクルーシブ保育」並びに「個別指導計画」作成に向けての取り組みでは、現場によって大きな違いがあることが浮き彫りになりました。そ

の実情は、私たちの想像をはるかに超えていたと同時に、「インクルーシブ保育」に取り組む、または、これから取り組もうとしている保育現場がとことん悩み続けていることが手に取るように伝わってきたのです。その中で、多くの現場から挙がってきた声に私たちは居ても立ってもいられない思いに駆られてしまいました。それが、"私たちの園以外の保育現場ではどのような「個別指導計画」を作成しているのかを知って、学びたい"という切実な願いだったのです。

　確かに、『保育ナビ』での取材先のみならず、インタビュー調査で研究協力いただいた多くの保育現場では、どれ1つをとっても同じ「個別指導計画」というものはありませんでした。その理由の1

図）「インクルーシブ保育」に取り組むうえでの困難感

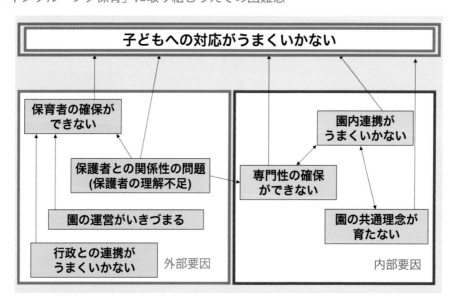

つとして、「インクルーシブ保育」そのものが定型的なものではなく、今、目の前の子どもたちの実情に合わせて常に変容していくことが求められるものであるからなのかもしれません。つまり、「個別指導計画」を作成して実践し続けていく過程では、初期段階であったとしても、何十年続けられる段階であったとしても、常に試行錯誤や創意工夫が必要とされ、悩みが尽きないものとなるのではないでしょうか。

9つの保育現場と協働して お届けする1冊

　本書では、この保育現場の切実な願いに応えたいという私たちの思いにご賛同いただいた9つの園にご協力いただきました。どの園の先生方も"私たちも途中半ばの取り組みですがよいのでしょうか"というお気持ちがありながらも、読者の皆様と一緒に考え合いたいという願いから語っていただきました。第1章では、その語りの内容をもとに、私たちが「園のあゆみと特色」「実践の様子」「園からの学び」に整理して執筆させていただきました。そこには、上述しました「インクルーシブ保育」の困難となる壁にどのように向き合い、乗り越え、取り組み続けてきたのか、「個別指導計画」の作成を中心にどのような方法をつくり上げながら子どもの育ちを支えているのか、その結果、子どもたちや関係者にどのよ

うな姿が現れてきたのかなどが具体的に記されています。第2章では、代表して3つの園の先生方にご登壇いただき、座談会形式にて「インクルーシブ保育」に取り組む中での子どもたちのかがやく姿や、現在も悩み続けていることについて率直に語っていただきました。それぞれの先生方の語りは、まさしく今、全国で「インクルーシブ保育」に取り組む、または取り組もうとしている皆様にとって背中を押してくれるものとなるはずです。

　しかしながら、本書を読み進めるうえで、大切にしてほしいことがあります。ここで掲載されている一つひとつの「個別指導計画」は、各園が目の前にいる子どもたちを中心とした事情や理念に沿って作成している独自の「個別指導計画」です。理想的なものとしてお示ししているわけではありません。また、「個別指導計画」を作ることが必ず必要だということをお伝えしたいわけでもないのです。私たちは、ここに紹介されている「個別指導計画」の誕生や歴史を知っていただき、読者の皆様の取り組みのご参考にしていただきたいと思っております。この1冊を手に取ってくださる皆様にとって、互いに「個別指導計画」を知り合い、学び合うことへと広がる一助となりますことを心より願っております。

仲本美央

CONTENTS

第1章

実践事例
「子ども一人ひとりがかがやく」
ための工夫

一人ひとりの子どもの育ちを捉えるために、各園、試行錯誤を くり返してきました。長年、工夫を積み重ねることで園の実際に 即した方法が生まれ、現在の取り組みにつながっています。その ため「個別指導計画」を作成している園もあれば、別の方法を取っ ている園もあります。第1章では、9園の「インクルーシブ保育」 の実践事例を紹介します。

※一般的に使われる「個別指導計画」などの書式の名称は、各保育現場が活用している 　用語で掲載いたします。

その子らしさを大切にする
個別指導計画

社会福祉法人さがみ愛育会　愛の園ふちのべこども園

園データ
所在地：神奈川県相模原市中央区淵野辺 1-16-5
園児数：0〜5歳児 300 人
園　長：松岡裕

園長：松岡裕先生

執筆：仲本美央

ここに注目

- 様々なコミュニケーションを通して、人と人とがつながる保育
- 一人ひとりの状況に合わせた個別指導計画の作成
- "ある日の小さな物語" を中心に、自己発揮する姿を大切にする
- 子どもを肯定的に捉える視点を踏まえた指導計画の書き方

園のあゆみと特色

　愛の園ふちのべこども園は、2018 年度より保育園から幼保連携型認定こども園となりました。母体となる社会福祉法人さがみ愛育会はキリスト教をベースに、保育園、こども園、高齢者施設、障害者支援施設など、多数の施設を古くから運営しており、地域が必要としている福祉施設を時代に先駆けてつくり続けてきました。障害児保育の歴史も長く、1971 年頃に、近隣在住の母親から近所の子どもと遊べないわが子を預けたいと頼まれたことがきっかけとなり、1973 年に、全国で選ばれた障害児保育指定保育所の 1 園として運営が開始されました。1975 年頃から地元の相模原市の障害児保育の指定園になり、毎年様々な障害のある子どもたちを受け入れながら、日々、試行錯誤して保育体制を築いています。十数年前より、常勤で心理職と保健師を配置し、子どもたちへの直接的支援と保護者支援の体制をつくっています。療育施設も附設されており、必要に応じてグループ療育、発達検査等を実施しています。

実践の様子

1. "みんなの中の一人、だれでも主役"という園生活

　愛の園ふちのべこども園では日常の中で個を大切にし、人と人とがつながる園生活の風土が、「個人別指導計画」を作成することを含めた保育体制づくりの土台となっています。園長先生並びにどの職員も、障害があろうとなかろうと、子どもだろうと大人だろうと、保護者であっても、地域の人であっても、"みんなの中の一人、だれでも主役"という意識をもっています。

　昔から「関係保育」という言葉を使いながら、常に職員のだれもが人とつながりたいという思いでコミュニケーションをとっています。その園生活の風土の表れの1つに「手話保育」があります。以前勤めていた職員や保護者が聴覚障害をもっていたこともあり、30年以上も前から講師に来てもらい、職員みんなで手話を学んでいます。保育者は全員、講師がいなくとも子どもの歌レベルの手話であればできるほど、習得しています。この"みんなの中の一人、だれでも主役"という当たり前の意識で、全園児の個別指導計画を作成しています。

2. 一人ひとりの状況に合わせた個別指導計画の作成

園児ごとの個別指導計画のフォーマット

　0・1・2歳児の「個人別指導計画」（図1）と3・4・5歳児の「指導要録」（図2）という、各年齢に応じた全園児向けの個別指導計画の形式が基本としてあります。また、この基本形式のほかに、相模原市独自に共通で作成している、支援保育児用の個別指導計画と園独自で作成している確定診断のある子ども用の「かめのこ連絡帳」（図3・4）という個別指導計画があります。現在、在園している子どもたちには、このうちのどれか1つを必ず作成しています。

支援を必要とする親子を支えるための場づくり

　在園児には、①障害の認定を受けている子どもたち、②障害の認定を受けているわけではないけれど家族と話し合いながら支援をしている支援保育対象の子どもたち、③まだ家族とは共有できていないけれども配慮を必要としている子どもたちがいます。支援保育コーディネーターという役職を配置し、②障害の認定を受けているわけではないけれど家族と話し合いながら支援をしている支援保育対象の子どもたち、③まだ家族とは共有できていないけれど配慮を必要としている子どもたちには、3期に分けて現在の状況、目標、支援計画、評価・反省、家庭での様子、他機関との連携を記録する「個別支援計画」（図5）も立てています。

　また、障害認定を受けている子どもたちには、前述した「かめのこ連絡帳」（図3・4）を作成します。「かめのこ連絡帳」の名称は、愛の園ふちのべこども園が保護者と共に続

けてきた「かめのこ親の会」（2022 年度から「親の会パレット」に名称変更）に由来があります。この会は、障害認定を受けている子どもたちの保護者と園長、専門職の先生等が毎月集まって話し合う会で、ピアカウンセリング的な役割があるそうです。このように、園内では、どのような状況にある親子であっても支えるための場づくりをしています。

図1）0・1・2歳児の「個人別指導計画」

個人別指導計画

園児名　　　　　　　　　　　　　　男 ・ 女（令和　　　年　　　月　　　日生）

		ねらい	環境構成・保育者のかかわり	評価・反省
歳児　前期		組　記録者：		
園長	養護			
クラス主任	教育			
歳児　後期				
園長	養護			
クラス主任	教育			
歳児　前期		組　記録者：		
園長	養護			
クラス主任	教育			
歳児　後期				
園長	養護			
クラス主任	教育			

図2）3・4・5歳児の「指導要録」

幼保連携型認定こども園園児指導要録（指導等に関する記録）

幼保連携型認定こども園愛の園ふちのべこども園

ふりがな 氏名		性別	平成・令和　年　月　日生
園児の育ちに関わる事項			

園児の状態等（健康の状態等）　養護

		令和 年度	令和 年度	令和 年度	令和 年度

ねらい（発達を捉える視点）

健康	明るく伸び伸びと行動し、充実感を味わう。 自分の体を十分に動かし、進んで運動しようとする。 健康、安全な生活に必要な習慣や態度を身に付ける。
人間関係	幼保連携型認定こども園の生活を楽しみ、自分の力で行動することの充実感を味わう。 身近な人と親しみ、かかわりを深め、愛情や信頼感を持つ。 社会生活における望ましい習慣や態度を身に付ける。
環境	身近な環境に親しみ、自然と触れ合う中で様々な事象に興味や関心を持つ。 身近な環境に自分からかかわり、発見を楽しんだり、考えたりし、それを生活に取り入れようとする。 身近な事象を見たり、考えたり、扱ったりする中で、物の性質や数量、文字などに対する感覚を豊かにする。
言葉	自分の気持ちを言葉で表現する楽しさを味わう。 人の言葉や話などをよく聞き、自分の経験したことや考えたことを話し、伝え合う喜びを味わう。 日常生活に必要な言葉が分かるようになるとともに、絵本や物語などに親しみ、保育教諭や友達と心を通わせる。
表現	いろいろなものの美しさなどに対する豊かな感性を持つ。 感じたことや考えたことを自分なりに表現して楽しむ。 生活の中でイメージを豊かにし、様々な表現を楽しむ。

指導の重点等

指導の重点等	（学年の重点） （個人の重点）

指導上参考となる事項

備考

出欠状況		令和 年度	令和 年度	令和 年度	令和 年度
	教育日数				
	出席日数				

図 5)「個別支援計画」

令和　　年度　　個別支援計画（　　　　　　組）

氏名　　　　　　　　　　　　　　　　　生年月日　平成　　年　　月　　日

	園長	担任	支援保育コーディネーター

内容	月	年度末から現在の状況	目標	支援計画	評価・反省	家庭での様子
生活習慣						
言語	4					
あそび	〜					
社会性	6					
その他	月					

担当名　　　　　　　　　　　　　保護者名　　　　　　　　　　印

	園長	担任	支援保育コーディネーター

内容	月	現在の状況	目標	支援計画	評価・反省	家庭での様子
生活習慣						
言語	7					
あそび	〜					
社会性	10					
その他	月					

担当名　　　　　　　　　　　　　保護者名　　　　　　　　　　印

	園長	担任	支援保育コーディネーター

内容	月	現在の状況	目標	支援計画	評価・反省	家庭での様子
生活習慣						
言語	11					
あそび	〜					
社会性	3					
その他	月					

担当名　　　　　　　　　　　　　保護者名　　　　　　　　　　印

他機関との連携

愛の園ふちのべこども園　　支援保育コーディネーター記録

「かめのこ連絡帳」を通した職員と保護者の情報交換

　「かめのこ連絡帳」（図3・4）は、個別指導計画の役割とともに、職員と保護者の情報交換となる記録になっています。具体的には、毎月1回、保育教諭が「**こども園の様子（現状と課題）**」の項目に子どもの現状と課題を、療育担当の臨床心理士などが「**専門職のコメント**」の項目に子どもの様子や配慮していること、必要な支援などを記述しています。また、保護者は「**他機関との繋がり（保護者記載）**」と「**家庭の様子**」の2つの項目を記述しています。これらを踏まえたうえで、その月に取り組む課題をチェック項目で捉えていきながら、その月の「**支援の内容と方法**」を計画します。計画に基づいて実践を終えた月の最後には、翌月に向けて反省できるように振り返り、評価を記述します。保護者に記述してもらうことで他機関との連携の様子を踏まえ、かつ家庭の様子に記述された率直な保護者の思いを受け止めながら、協働して子どもの育ちを支えることにつながっています。

人との関係性の中で、その子らしく自己発揮する姿を支えるために計画し、記録する

　「かめのこ連絡帳」の冒頭には、「**ある日の小さな物語**」という項目があります。これは、日常におけるその子らしさが表れるエピソードを記述するための項目で、愛の園ふちのべこども園が最も大切にしている子どもへのまなざしです。園長の松岡先生は、障害があろうとなかろうと、発達の道筋やスピードは異なっても、基本的に子どもには子ども性という共通項があり、クラスの中で各自の子ども性を発揮しながら、互いの関係性の中でどのように育つのかという保育者の指導計画があるのではないかとおっしゃられています。その子がどのように楽しんでいるのか、その楽しんでいることをどのように活かしていくのか、そういう保育者の子どもへのまなざしが「**ある日の小さな物語**」には詰まっており、「**個人別指導計画**」「**個別支援計画**」へとつながるものとなっています。

図3）「かめのこ連絡帳」の表紙

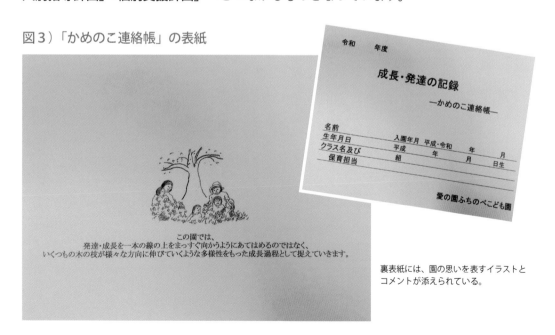

裏表紙には、園の思いを表すイラストとコメントが添えられている。

図４）「かめのこ連絡帳」の記述例

現状の子どもの姿から課題をチェックする

保育教諭が記述する

日常における子どものいきいきとした姿をエピソードで記述する

専門職が記述する

保護者が記述する

1月　記入者　保育教諭　沼野辺 花子　専門職　臨床心理士　相模原 花子

＜ある日の小さな物語＞

自由画帳を広げて、「きりんが描きたいけど描けない」とＤさん。私は、Ｄさんの描く絵が大好きなので、保育教諭が描いてしまってはもったいないと思い、きりんの体の部分は、色鉛筆を一緒に持って描き。さあ、ここからは上にずーっと長い首、かわいらしい顔、立派な長い首、２つの角できちんと描かれています。「すごい、素敵なきりんの絵が描けたねと話すと。「そうでしょ。ぼく、きりん描けたんだ」と得意気です。その後は体にいい模様をきれいに塗りながら、自分では塗り上げきりんの絵にこうらんにしていまし た。

＜今月の取り組む課題＞

□1.食事　□2.着脱　□3.排泄　□4.言葉の理解　□5.言葉の表出
□6.全身の運動機能　□7.手先の機能　☑8.集団活動への参加　☑9.人間関係（コミュニケーション）　□10.社会性
☑11.発達特性への配慮　□12.問題行動と課題　☑13.問題行動のサポート　☑14.医療・看護的ケア　□15.その他

こども園の様子（現状と課題）	支援の内容と方法	評価・翌月への反映
8.看子ヤマットの上に座り、保育教諭の話を聞いたり、紙芝居を見る時に、集団には入らず、玩具棚で玩具を選んだり、離れた所で絵本を見ています。目が合うと所で始まった玩具を見て、じっくり見ています。内容によって興味を持ちみんなの中へ入り、じっくり見始めます。 13.1月が終わる頃、「鬼が来るよ」と不安そうな表情で毎日聞いています。2月のカレンダーを見て、この日に豆まきをすることを伝えると戻をためると言うので、「鬼怖い」から組とか小組でだいあ組と小組をＤさんのように同じ質問をしていました。しかし、次の日になると同じ質問をしていました。 9.11.13.凧を作りました。公園で飛ばすと、とても大喜びで自分の凧を大好きになっていました。公園に行く度に自分の凧の周をもって行くほど飛ばしていたのである日、走ってきた子どもが凧を踏んでしまうとかとても大声で怒鳴り、相手が謝ってもとではないくらい強 ＜言う＞、さらに感情的になり、激しくぶつかっていきます。相手が謝ってから高ぶっている気持ちは収まらず、それから高あげずに、その子を見る度にこうちかかっていきます。理由はありますが、一度起きた怒りがおさまるまでとても時間がかかります。	みんなで話を聞く活動や活動内容に参加していけるような声かけをしています。興味が持てる内容や参加が苦手なことを考慮し、Ｄさん専用の椅子を用意し、目に見える形で理解る場所を提示し、参加しやすいように課題に配慮しています。 行事はなるべく前もって何をするのか具体的に伝え、Ｄさんが安心して活動に取り組めるように答えていきます。「鬼は来ないから大丈夫」と伝えると戻をためるように先の見通しが持てるように伝えさえるように何度でも答えています。 悲しさ、悔しさを共感しながら、互いの気持ちを落ち着かせ状況を整理し、Ｄさんの気持ちもすっきりさせて解決します。壊った気持ちを引きずりやすい特性があるようですが、一度終わったことではないよと怒り続けますが、相手を驚いてしまうこともあるので、一度終わったことではないよと伝えています。	子どもたちの発表タイムなど興味があると入ってきます。強引に集団の中へ引きとめないことや席を用意することで、笑顔で楽しそうに参加することが増えています。 気持ちに寄り添い答えることで納得する様子です。先の予定がわからないとやりにくいことや困り感が強くなるため、安心できるような言葉かけをしています。 悔しかった感情を思い出した時に、怒りとして出たことがあるので、引き続き、一度確認して決してこうしたことを確認して教えています。

＜専門職のコメント＞

療育では、望ましくない行動をした時は、あまり注目せず、良い行動をした時にさんなめるような関わりを大切にしています。

＜他機関との繋がり（保育者記載）＞

A児童発達支援センター
療育の日程：毎週月曜日
個別療育から集団療育になりました。年長さんの男女3人グループになりました。集団に入ると、周りよりもはやくやりたいという気持ちが強いようです。

＜家庭の様子＞

週末は、自宅で母とゲームで遊んでいます。回数を決めて始めていますが、自分が納得のできない終わり方だとすねて、泣いてしまい、癇癪を起こしてしまうことがあります。以前は癇癪を起こしてしまう、頭をかきむしる行為があります。エレベーターのボタンを...
自宅では、数字をタブレットで学んでいます。5までは理解しています。6から10までの理解が難しいようです。6から10までのところに手を入れたり、スーパーでお菓子の袋を取ろうとしたり、こちらが焦るような行動をとります。事前の約束をとりましたが、いていませんでした。

園からの学び

その子らしさを見つめる共通のまなざし

　愛の園ふちのべこども園では、子ども一人ひとりに応じた「**個人別指導計画**」を丁寧に立てながら、子どもの育ちを支えています。記述内容の細やかさからも、小さな場面に表れる子どもの行動と心の機微も見落とすことがないように、保育を営んでいる様子が伝わってきました。園長の松岡先生は、「**個人別指導計画**」を作成するうえで、保育者を含めたすべての職員にとって永遠に続くであろう課題について語ってくださいました。それは、子ども一人ひとりを肯定的に捉え、育ちを支えるだけでなく、そのことを記述の中でも書き記せるようになることだそうです。

　子どものありのままの姿を記述し、どのくらい自立しているのか、どの程度保育者が個別にかかわっているのか、どのような工夫が子どもの役に立っているのか、時には子どもが一人でするのが難しいことも書きます。しかしながら、この時、できるかできないかを判断できていないのに、そのように感じられるといった記述をすることが現状を受け止めようとする保護者の気持ちを後ろ向きにさせてしまうこともあるそうです。そのようなことをなくすためにも、保育者をはじめとする職員は常に勉強を重ねて、現状を保護者にしっかりと伝え、共にその子どもを支えられるような保育の質の向上を目指していきたいと語られていました。"その子らしさを大切にする「**個人別指導計画**」"は、まさに、子どもを取り巻くすべての人たちによって、その子らしさを見つめる共通のまなざしから作られていることを、深く学ばせていただきました。

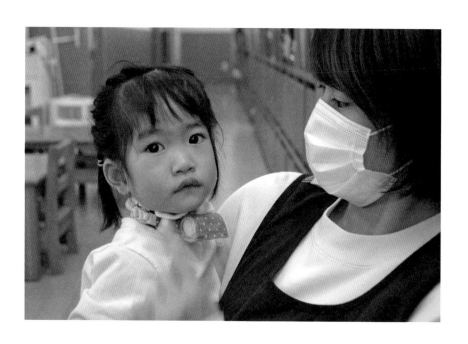

"いま、ここに生きる姿"に応じた個別指導計画

園長：瀬山さと子先生

社会福祉法人翔の会　うーたん保育園

園データ
所在地：神奈川県茅ヶ崎市今宿 473-1
園児数：0 歳児 9 人、1 歳児 12 人、2 歳児 12 人、3 歳児 13 人、4 歳児 13 人、5 歳児 13 人
園　長：瀬山さと子

執筆：仲本美央

ここに注目

- 子どもの育ちに合わせてカスタマイズする「**個別指導計画**」
- 「**個人記録**」と連動させた「**個別指導計画**」の作成
- 様々な記録のスタイルを活用した園内外での情報交換のあり方
- 「**個別指導計画**」を活用した園内外の専門職会議

園のあゆみと特色

　うーたん保育園は 2012 年に神奈川県茅ヶ崎市にて開設されました。A・UN（あ・うん）という複合施設の 1 階にあり、可動式の壁の向こうは児童発達支援センター「うーたん」、同じ 1 階に比較的重度の障害のある人たちの生活介護施設「おーらい」、2 ～ 4 階は特別養護老人ホーム「ゆるり」があり、施設を超えて日常的に交わりながら暮らしています。2020 年には医療的ケア児クラスの「ことり組」を新設しました。このような多様な人々が生活する複合施設の中で、子どもたちは、年齢、クラス、障害の有無などにとらわれることなく、園内を行き交い、その日その時をどのように過ごすのか、子どもの意思決定と主体的活動が保障された日常生活を送っています。

実践の様子

1.　一人ひとりの子どもの育ちに合わせてカスタマイズする「個別指導計画」

　うーたん保育園では毎月、子ども一人ひとりの「**個別指導計画**」を作成しています。2021 年 9 月現在、基本的な計画の書式は、「**前月の子どもの姿**」「**今月のねらい（育てていきたい子どもの姿）**」「**保育者のかかわり**」「**家庭との連携**」「**評価・反省**」の 5 項目を設定しています。各項目には、子どもの生活における健康・医療的ケア、清潔・排泄、食事、

睡眠、遊び環境、言葉環境、人間関係等の身体的発達と社会的・精神的発達といった子どもの状況への視点をもって記入しています。

　園独自の工夫として心がけているのは、子どもの年度ごとの実情に合わせて項目幅を変更していることです。例えば、「○○君は昨年と比較して言葉の育ちに対する配慮が必要になっている」という場合には幅を広げ、「○○ちゃんは3月に比べて食欲が増し、現状の保育で成長・発達が促されている」という場合には幅を狭めるなどの工夫です。また、子どもの特性に応じてオリジナルな項目を増やしたり、不必要な項目を削除したりする場合もあります。いわば計画形式を子どもの育ちに合わせてカスタマイズしているわけです。

2. 「個別指導計画」と「個人記録」の連動

　もう1つ、「個別指導計画」を作成するうえで配慮していることがあります。それは、「個人記録」（図1）と「個別指導計画」（図2・3）の連動です。4月に新年度がスタートすると同時に、日常の子どもの姿を「個人記録」として記述します。「個人記録」の基本的な書式は、「日付・時間」「子どもの氏名」「記録者」「記録内容」の4項目を設定し、必要な時に記録しています。また、「記録内容」の項目幅は決められたものではなく、必要に応じて広げています。保育者は、前月の「個人記録」に基づいた月ごとの「個別指導計画」の作成を心がけています。

　ここで、M君（4歳児クラス）の「個人記録」と「個別指導計画」を例に見ていきましょう。7月のある日、看護師Tさんは、難治性てんかん、精神運動発達遅滞、呼吸障害、胃ろうの状況にあるM君の様子として食事、体調、遊び、保護者との連携、今後の保育の見通しなどを図1・2・3のように記録しています。図1の内容が図2・3と連動している様子を大まかに色分けしました。

図1）個人記録（記録内容）

体調の記録

食事の記録

遊びの記録

体調の記録

保護者との連携の記録

保育の見通し

20○○年7月○日（木）
　喘息のため、20日（月）から26日（日）まで入院していた。29日（水）に登園。前夜、痰が多く苦しく眠れず入眠剤を投薬したため、眠ったまま登園。10時15分頃に目が覚め、朝のおやつの注入はスムーズに終わる。40分ほど椅子に座り、小麦粉粘土や絵本を楽しんでいると、痰の絡みはそれほどなく、サチレーションも90%から95〜97%にまであがる。11時頃から痰が絡み始めた。吸引するも、昼食の注入が始まるとともにゼロゼロとし始めたため、注入の合間を見ながら吸引。咳き込みをうまくできることもあるが、排痰が難しい様子。脈拍も100〜110台だったものが120台まであがり、サチレーションも86〜88%まで下がる。13時から酸素0.5L／分入れ始める。通常は3回の注入を2回終え、注入後はうつ伏せで過ごすとゼロゼロも少しずつ改善され、そのまま14時45分頃降園。
　降園時に看護師Sから保護者に当日の様子を伝え、母親の不安や心配ごとも聞きながら、翌30日（木）に電話連絡で様子をうかがい、31日（金）の過ごし方を検討していくこととなった。本日、看護師Uから保護者に電話連絡すると、病院を受診した際にそのまま再入院となり、明日は欠席し、3日（月）の朝に電話をくださるとのことだった。この先も入院をくり返していくことが予想される。退院後の受け入れや過ごし方をどのようにしていくのかを園と家庭とでよく連携しながら、M君も保護者も安心して過ごせるように援助していきたい。また、M君が家庭で母親と安心して過ごすために、妹のZさんを一時保育で受け入れることなども視野に入れていきたい。
※8月5日（水）追記：本日退院。7日（金）より登園予定。

図2）M君 20○○年8月の身体的発達の「個別指導計画」

8月／4歳6か月

		前月の子どもの姿 ❶	今月のねらい	保育者のかかわり	家庭との連携 ❹	評価・反省 ❺
身体的発達 ❸	健康・医療的ケア ❷	月の後半に喘息で入院となった。1週間程度で退院し、数日の自宅療養後に登園するも、ゼロゼロと苦しそうな状態で、酸素を入れて過ごすことになった。その後、再び喘息で数日間の入院となった。	落ち着いた環境の中で安心して過ごす。	先月、喘息のために入院をしていることもあり、本児が落ち着いて安心して過ごせることができるように、直診だけでなく数値もよく見て、落ち着いた環境を整えていく。	保護者が安心して園で過ごすことができるように、病院や家庭での様子を聞き、保護者の不安や相談も聞いていき、親子共々安心して過ごせるような援助をしていく。	天候が不安定だったこともあり、体調を崩してしまい、1週間近くの入院となってしまった。
	清潔・排泄	排泄の間隔が長く、一度に多量の排泄・排便となるため、衣類などが汚れてしまうことがあった。	オムツ替えの気持ちよさを感じる。	一度に大量の排泄・排便をすることが多いので、すぐに清潔にし、気持ちよさを感じていけるような声かけをしていく。	排泄や排便で衣類、布団が汚れてしまった際には丁寧に伝え、また、着替えを複数用意してもらうように伝えていく。	以前に比べて、一度の排泄や排便の量が落ち着いてきて、快適に過ごすことができるようになってきた。
	食事	体調がすぐれない際はあまり注入ができず、時間をかけたり、量を調整しながらの注入となった。退院後は注入をすると痰があがってきてしまうこともあった。	体調に合わせてゆっくりと食事をする。	先月、喘息のために入院をしていることもあるので、本児の体調に合わせて、無理のないように注入の量やスピードを考慮していく。	園での注入の様子を丁寧に伝え、家庭での注入も検討してもらい、1食ずつでなく1日を通しての食事量を検討していく。	体調や天候によって食事開始時に胃残がある際は、開始時間をずらすなど、本児のペースに合わせた食事を援助していくことができた。
	睡眠	登園前に発作があったり、前夜あまり眠れずに入眠剤を投与して登園の日も多かった。その際は落ち着いた環境を整えることができた。	落ち着いた環境の中で安心して眠る。	先月、喘息のため入院していることもあるので、本児が落ち着いて眠ることができるように環境を整えていく。	体調によっては起きて過ごしてほしいという保護者の気持ちも汲み取り、本児の睡眠時間を確保しながら、起きようとしている際はたっぷりと遊ぶことができるように検討していく。	眠りながら登園した際は落ち着いて眠ることができた。午睡時は寝入りの際に大きな発作が起きてしまうことが2度ほどあった。

体調の記録から

❶ 前月の子どもの姿
前月の子どもの姿は、7月の個人記録を振り返りながら、身体的発達面での援助を計画するうえで大切なポイントとなる内容を記入しています。

保育の見通しから

❷ 健康・医療的ケア
子どもの健康や医療的ケアの状況に合わせていつでも対応できるように、保育室にはだれが見てもわかるように薬や医療機材の環境設定をしています。

食事の記録から

❸ 食事
食事は、M君の胃の状態や食べる量やスピード、開始時間などを考慮して検討し、保護者との情報交換を通して行う家庭との連携も記入しています。

保護者との連携の記録から

❹ 家庭との連携
保護者との対話を通して、M君の状況を共有し身体面における家庭との連携を図るだけでなく、保護者の精神面でのサポートを行うように心がけています。M君の状況に応じた保育を中心としながらも、時には、保護者の願いを汲み取りながら、保育を検討しています。保護者と一緒に援助内容を検討していきたい時には積極的に相談していきたいと考えています。

❺ 評価・反省
評価と反省は、今後の保育の見通しをもつために必要な内容を記入しています。体調面では配慮すべき量や回数、状況を詳細に書いています。

図3）M君 20〇〇年8月の社会的・精神的発達の「個別指導計画」

8月／4歳6か月

		前月の子どもの姿	今月のねらい	保育者のかかわり	家庭との連携 ❽	評価・反省
社会的・精神的発達 ❼	遊び環境	A・UNマルシェで夏野菜を購入して、調理してみたり、梅ジュースを味わったり、様々な季節の野菜にふれたり、味わう姿を見守ることができた。	水遊びを楽しむ。 ❻	本児の調子を丁寧に見て、気持ちよく遊べる日にはテラスや屋上で水遊びができるように、腹部を配慮しながら環境を整えていく。	保護者が水遊びに対して不安を感じることがないように、遊びの様子だけでなく、どのように対応しているのかを写真などを通じて伝えていく。	体調が万全でない日が続き、屋上での水遊びはほとんどせず、テラスや室内で落ち着いて水遊びをすることが多かった。
	言葉環境	小麦粉粘土や貝殻など、様々な形や感触のものにふれ、握ったり手放したりと、自分の意思を伝えようとする姿勢が見られた。	身体を動かして自分の気持ちを伝えようとする。	目線や首、顔、手を握ったり離したりと、様々な方法で意思を伝えようとしてくれているので、本児の様子を丁寧に見て、じっくりかかわっていく。	本児とのやりとりの様子を動画を撮るなどして、本児の成長を共に感じ、喜ぶ。	本児とのやりとりをゆっくりと丁寧に行っていくことで、本児の身体や視線の動きを丁寧に見てやりとりをしていくことができた。
	人間関係	遊びの中で、自然と他児が本児に「どれがいい?」と尋ねたり、共に光などを見て、楽しもうとする姿が見られた。	他児との遊びを楽しむ。	他児らが遊んでいるところに行ってみるなど、遊びの中でのかかわりを楽しめるように環境を整え、見守っていく。	他児とのかかわりの様子を細かく記録し、ドキュメンテーションを通して保護者にも他児を感じてもらう。	室内に電車のおもちゃを用意するなど、他児らとの遊びが深まるような環境を整え始めることができた。 ❾

遊びの記録から

❻ 遊び環境
夏の時期の遊びとして「水遊び」を計画しているが、M君の体調と不安が予想される保護者への説明を考慮しています。実際の評価・反省では、体調に合わせた「水遊び」の工夫を行った様子を詳細に記入し、今後の保育への見通しをもてるようにしています。

※別の日の個人記録から

遊びの記録から

❼ 言葉環境、人間関係
前月の遊びの様子からM君の人・物・出来事とのかかわりによって成長している状況を把握し、その中での自発的な表現や他児とのかかわりを深めるための人的並びに物的環境づくりを考慮に入れた援助を記入しています。

保育者との連携の記録から

❽ 家庭との連携
保護者に安心してもらえるように、写真や動画、ドキュメンテーションを活用してM君の様子を伝えるように配慮しています。また、伝える際の工夫として、M君だけでなく他児の様子を感じてもらえるようにしています。子どもたちが育ち合う成長の姿を共に感じ、喜んでいきたいと考えています。

※ 20ページにはドキュメンテーションに関する解説があります。

❾ 評価・反省
来月の遊びの環境設定につながるように記入しています。

第1章 実践事例―「子ども一人ひとりがかがやく」ための工夫

19

3. 記録の１つとして大切にしている写真、動画、ドキュメンテーション

「個別指導計画」には、日常の保育における写真、動画、ドキュメンテーションが活用されています。これらの記録は、日々の保育の記録として活用するだけでなく、保護者との情報共有の方法の１つとして重要な役割を担っています。園での日常の子どもの姿

年長組の仲間と共に

をありのままに捉えられる写真や動画を保護者に見せることで、安心感を与えるだけでなく、翌日の保育の計画を相談しながら進められるような、保護者との連携を生み出すこともできます。また、ドキュメンテーションには、対象児だけでなく、子ども同士が生活している場面が記録されています。他児とのかかわりや共に育ち合う姿を知ることで、喜びだけでなく、わが子だけに集中しがちな保護者の視野を、園全体の子どもたちと共に生活している姿として見つめることへと広げていきます。

また、写真、動画、ドキュメンテーションなどの記録は、保護者との情報交換だけに活用するのではなく、保育を振り返り、現在の子どもの姿に理解を深めて「個別指導計画」を検討する会議の場でも活用しています。

M君のドキュメンテーション

4.「個別指導計画」は話し合いの場面で活用し、園内外の専門職で検討する

「個別指導計画」は、月1回のクラス会議で保育を振り返る際によく活用します。日々の保育を振り返りながら、子ども一人ひとりについて職員同士の共通理解を図っています。0～2歳ではすべての子ども、3～5歳では特別な配慮が必要な子どもの「個別指導計画」を作成しているので、気になることがある時などは対象となる子どもの「個別指導計画」を傍らに置きながら、実際に「個人記録」を書く人が話し合いたい話題を提案したり、時には担任ではない人が気になることを話したりしています。そこから得られた情報も「個人記録」に反映させて、子ども一人ひとりの理解をより深めています。

また、児童発達支援センターと保育園を併用している子どもについては、双方が作成している現状の計画や記録をケア会議に持ち寄って、月のねらいや子どもの状況だけでなく、保護者への対応も考慮して今後の計画を一緒に立てています。この擦り合わせの話し合いをすることで、子どもの育ちを支える仕組みを協働で生み出していきます。子どもに直接にかかわっている保育

職員の話し合い

者や看護師だけでなく、時には臨床心理士も会議に参加することがあります。

このような会議では、話し合いの時間を十分に確保しています。かかわる専門職が子ども一人ひとりを見ていくことは、最終的に全体を見つめることにつながっていき、やがて、一人の子どものことを話していても、自然とほかの子どもにも気持ちを向けて話し合うようになっていくのです。そこがインクルーシブの視点で大切なことだと考えており、その内容を計画や記録に活かしていくことを目指しています。

🕊 園からの学び

持続可能な「個別指導計画」の作成を目指して

　うーたん保育園では、まさに"いま、ここに生きる姿"に応じた「個別指導計画」を実現しています。この「個別指導計画」に加え、詳細な「個人記録」やドキュメンテーションの作成、その他の業務を加えると、職員の仕事は膨大なものになっていくと普通は考えられがちです。しかしながら、就業時間内に仕事を終わらせることも、園の方針の1つとして大切にしているそうです。記入すべきことが多い項目では十分な項目幅を設ける一方、その月に必要でなければ全く記入がなくてもよいという考えがあるからこそ、保育者にとっても持続可能な「個別指導計画」の作成が実現されています。

長い年月で変化し続けている個別保育計画

学校法人希望学園　葛飾こどもの園幼稚園

園データ
所在地：東京都葛飾区立石 2-29-6
園児数：満 3 歳児 16 人、3 歳児 33 人、4 歳児 33 人、5 歳児 42 人
園　長：加藤和成

園長：加藤和成先生

執筆：仲本美央

ここに注目

- 子どもから気付き、変化し続ける保育
- 目の前にある子どもの姿や保育に応じて検討し続ける「個別保育計画」
- 個別指導計画を活用する 8 つのサイクル

園のあゆみと特色

葛飾こどもの園幼稚園は、開園後 10 年目頃から 60 年近く障害のある子どもに対する保育に取り組んできました。その保育に取り組み始めた当初は、療育を含めた実践から常に保育の質の向上に努め、子ども一人ひとりの育ちを支えてきましたが、長い年月続けていくなかで、障害があるかないかという区分に即して生活している子どもたちの姿に違和感を覚えてきました。「あれ、これって本当に私たちが願っている子どもの育ちの姿なの？」保育者がそんな問いをくり返すなかで、保育実践が「インクルーシブ保育」へと転換していきます。今もなお、保育実践は変化を遂げているなか、「個別保育計画」もまた、園の歴史とともにその内容の変遷が続いています。

実践の様子

1. 療育から統合保育、そして、「インクルーシブ保育」へのあゆみ

　葛飾こどもの園幼稚園が障害のある子どもの受け入れを始めたのは、約60年前のこと。自閉症の子どもで、当時は障害に対する知識がほとんどなかったため、大学の先生などの専門家とつながりをもちながら、懸命に保育を営んでいました。その流れのなかで、子ども一人ひとりの成長・発達を支えるためにと、当時主流であった、障害のある子どもたちが個別に療育を受けられるようにする特別なクラスを設置して、スタートすることになります。障害認定を受けている子どもは、別の建物にクラスをつくり、別々の扉、帽子の色など、すべての生活が異なるものでした。

　しかし、しばらくすると、隣の建物にある一般クラスの様子を見ていた子どもから、「あっちで遊びたい」という意欲が見られたそうです。初代園長は、その子どもたちの様子に真剣に応えたいという思いから、特別なクラスをなくし、「共に」生活をする統合保育を模索し続けました。

　最初は、午前中の自由時間に、障害のある子どもに対する療育を実施するグループワークを継続していました。集団でも個別でも、目の前の子どもたちの成長・発達を支えるため、一人ひとりに合わせたオリジナルのきめ細やかな保育を目指していました。また、よりよい保育を実現させるためクラス担任同士の情報交換は日々尽きることなく、それが園全体の情報として共有化され、共通した保育実践の方向性につながっていきました。

　そのように継続された療育のある子どもたちの生活でしたが、20年以上前に転機が訪れます。そのきっかけとなったのが、保育者たちの「幼稚園は療育すべき場所なのか」という大きな疑問でした。グループワークとして療育は1日のうちの一部でしたが、子どもたちの「あっちで遊びたい」という言葉は消えることがなかったからです。それから、本当の意味での「インクルーシブ保育」とは「だれもが自由に行き来し、子どもが選んで遊ぶ場」だと考える、現在の生活スタイルが生み出されました。

2. 懸命に問い続けた先に見え始めた「個別保育計画」

　前述のように、障害のある子どもたちとの生活は、長い年月をかけて変遷を遂げてきました。それだけに、子どもの保育にかかわる「**個別保育計画**」もまた、時代の変遷によって試行錯誤をくり返しながら築き上げてきたものです。ここでは、主に「インクルーシブ保育」への転機を迎えてからの15年間の「**個別保育計画**」の変化を、大きく3期に分けてたどっていきます。

第1期：日常の保育と療育を両立させた「個別保育計画」

　2005年頃、園内では、障害の有無にかかわらず、子どもたちが共に生活する保育を実現させていましたが、自由遊びの時間を利用して障害認定を受けていた子どもだけを対象

に「つぼみグループ」での療育を日課として続けていました。この時期の「**個別保育計画**」の作成は、地域の相談支援や療育、医療などの専門機関に通っている子どもたちを対象にし、4つの形式に分けて計画を作成していました。

　まず、**第1形式**（図1）の具体的な記入項目としては、「**基本的生活習慣**」「**園（クラス）での様子**」「**コミュニケーションおよび社会性（なかま・ともだち）**」「**運動（粗大・微細）**」

「日常の保育と療育を両立させた『個別保育計画』」の4つの形式

図1）第1形式：障害特徴の記録

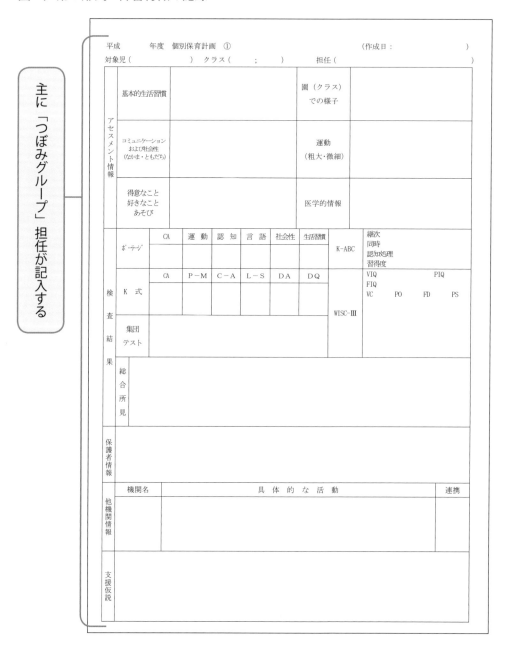

「得意なこと　好きなこと　あそび」「医学的情報」など、事前に収集した「アセスメント情報」や各種発達検査・知能検査などの「検査結果」「保護者情報」「他機関情報（機関名、具体的な活動、連携）」「支援仮説」を記入する欄を設定し、子どもの現在の発達などの状況を把握するために記録していました。第2形式（図2）である学期ごとの指導計画では、「日常生活」「運動」「言語」「社会性」の4つの視点に対する「ねらい」や「具体的手立て」を考え、指導結果としてそのねらいに関する「経過と変容」「手立ての評価」を記録して

図2）第2形式：日常生活の姿と手立ての記録

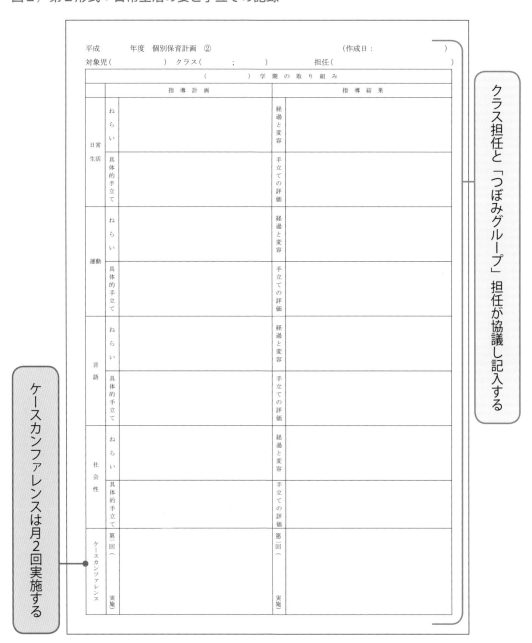

いました。また、期ごとの「ケースカンファレス」を必ず実施し、そこで話し合われた内容についても記述していました。**第3形式**（図3）は、「**個別相談の記録**」として来談者（保護者や担任保育者など）からの個別相談も詳細に記録する項目を設定することによって、だれがどのように対応したのかが理解できるようにした、相談過程や内容を園内で共有す

図3）第3形式：個別相談の記録

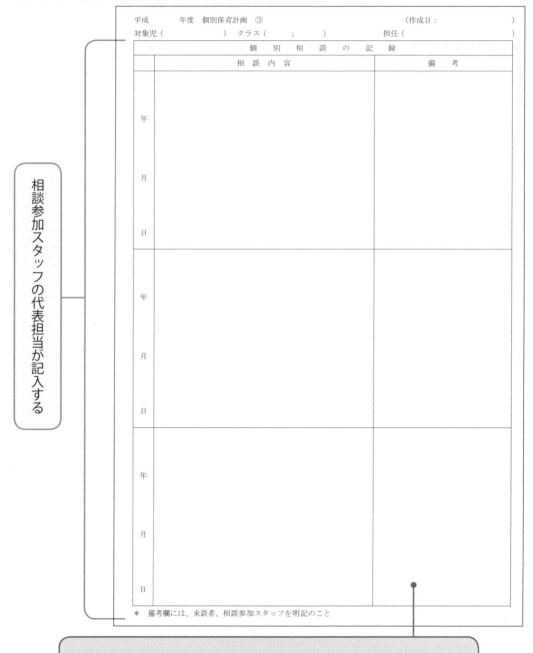

相談参加スタッフの代表担当が記入する

後程、確認できるように来談者、相談参加スタッフすべてを記入する

るための記録でした。**第４形式**（図４）では、学期ごとの総括並びに年間を通しての総括として、クラス担任と「つぼみグループ」の担当者が記入する「**総括（変化が見られたこと）**」「**課題と引継ぎ事項**」を設定し、次の年に子どもの育ちをつなげるための記録を心がけていました。

図４）第４形式：総括の記録

成長・発達の詳細を記入する

今後の指導や支援への見通しを記入する

次年度に向けて担当者への引継ぎを意識する

クラス担任と「つぼみグループ」担当が協議して記入する

| 平成　　年度　個別保育計画　④ | (作成日：　　　　　) |
| 対象児（　　　　　　） クラス（　　　；　　　） | 担任（　　　　　　） |

学期ごとの総括

		総括（変化が見られたこと）	課題と引継ぎ事項
一学期	つぼみ		
	クラス		
二学期	つぼみ		
	クラス		
三学期	つぼみ		
	クラス		

	年間を通しての総括（変化が見られたこと）	課題と引継ぎ事項
つぼみ		
クラス		

第2期：みんなと一緒に一人ひとりの生活を実現するための「個別保育計画」

　2010年頃になると、これまで実施していた障害のある子どものみを対象とするのではなく、障害の有無にかかわらず、すべての子どもたちが共に生活する保育の実現に向かっていました。長い間の議論の中で、「いろいろな子どもが入っていいんじゃないか」「子どもたちを集めないようにしたらどうか」「自由に行き来する子ども同士で遊ばせるようにしよう」という意見から、「出入りが自由にできる場」「選んで参加する場」「その子に合わせた遊びの場」というように、環境設定が多様に変化していきました。

　すると次第に、不安な子やいつも泣いている子、友だちと遊べない子らも集まってくるようになりました。その結果、障害の有無にかかわらず、支援が必要なすべての子どもを対象に「個別保育計画」を作ることになっていきました。そのことを試行錯誤していた時期に、図5の**第2期：みんなと一緒に一人ひとりの生活を実現するための「個別保育計画」**を作成していました。そのため、「個別保育計画」の項目は、対象となる子どもの長期並びに短期の目標と、**「生活習慣」「クラス」「小グループ」**を記入する欄を設定し、それぞれの**「ねらい（子どもの達成目標）」「ねらい達成への具体的手立て（教師の場面設定）」「経過（子どもの変化）」「手立ての評価」「ねらいの評価」**を検討し、記録していました。このことから、子どもの特徴を把握するだけでなく、子ども自身がどのように日々の生活を望んでいるのか、また、それをどのように支援していくのかを検討し、成長・発達を支えていた時期でした。また、月2回程度開催される**「ケース会」**の内容を記録する項目を設定し、次月の子どもの育ちを支えるための記録を心がけていました。

いろいろな料理が並ぶ

図5）第2期：みんなと一緒に一人ひとりの生活を実現するための「個別保育計画」

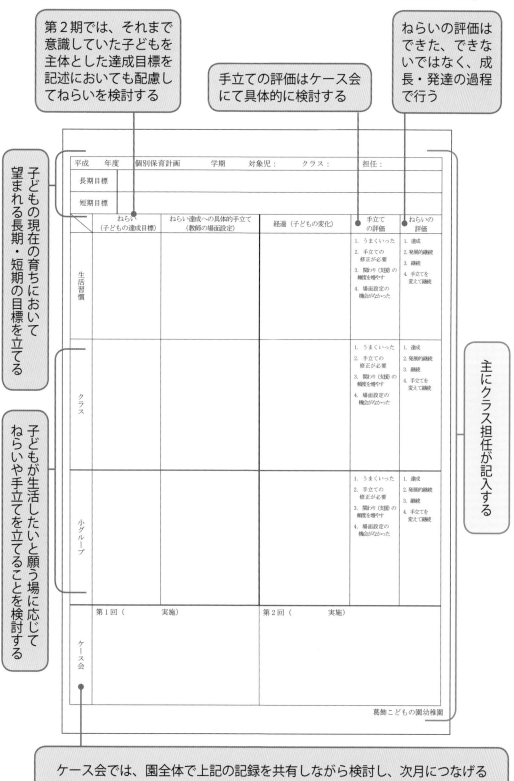

第2期では、それまで意識していた子どもを主体とした達成目標を記述においても配慮してねらいを検討する

手立ての評価はケース会にて具体的に検討する

ねらいの評価はできた、できないではなく、成長・発達の過程で行う

子どもの現在の育ちにおいて望まれる長期・短期の目標を立てる

子どもが生活したいと願う場に応じてねらいや手立てを立てることを検討する

主にクラス担任が記入する

平成　　年度　　個別保育計画　　学期　　対象児：　　クラス：　　担任：					
長期目標					
短期目標					
	ねらい（子どもの達成目標）	ねらい達成への具体的手立て（教師の場面設定）	経過（子どもの変化）	手立ての評価	ねらいの評価
生活習慣				1. うまくいった 2. 手立ての修正が必要 3. 関わり（支援）の頻度を増やす 4. 場面設定の機会がなかった	1. 達成 2. 発展的継続 3. 継続 4. 手立てを変えて継続
クラス				1. うまくいった 2. 手立ての修正が必要 3. 関わり（支援）の頻度を増やす 4. 場面設定の機会がなかった	1. 達成 2. 発展的継続 3. 継続 4. 手立てを変えて継続
小グループ				1. うまくいった 2. 手立ての修正が必要 3. 関わり（支援）の頻度を増やす 4. 場面設定の機会がなかった	1. 達成 2. 発展的継続 3. 継続 4. 手立てを変えて継続
ケース会	第1回（　　　　実施）		第2回（　　　　実施）		

葛飾こどもの園幼稚園

ケース会では、園全体で上記の記録を共有しながら検討し、次月につなげる

29

第3期：保育の質で子ども一人ひとりの育ちを保障する「個別保育計画」

　2022年現在、一人ひとりの子どもを理解し、保育者みんなで子どもを見ていこうという意識が統一された頃から、「インクルーシブ保育」が園内の研究テーマとなり、日々話し合いを重ね、試行錯誤して保育実践を積み上げていくことを大切にしています。この10年間で見えてきたことは、幼稚園教育の段階での教育は、特別支援ではなく、保育の質そのものが子ども一人ひとりの育ちを保障するということにつながるという考えでした。それによって、その子をよく知り理解ができれば、だれだって気持ちが通じ合うことや、うまくいかないことには理由があるので、ゆっくり見守って探していこうという保育者の意識が芽生え、保育の柔軟性、幅、質を意識して保育者が子ども一人ひとりに向き合うことを大切にするようになりました。

　そのことから現在活用しているのが**第3期：保育の質で子ども一人ひとりの育ちを保障する「個別保育計画」**です。図6に示される通り、目標を記入し、「個別保育計画」の項目は「総合的遊戯活動（生活習慣）」「クラス」に対して「ねらい」「手立て」「経過①」「経過②」「経過③・結果」を記録するという、以前と比較して簡素化した形式となっています。

図6）保育の質で子ども一人ひとりの育ちを保障する「個別保育計画」

- 子どもの現在に即した無理のないねらいを立てる
- 手立てでは、子どもの現在の姿を大切にして、しっかりと子どもを理解することから始める
- 経過を詳細に書くことで子どもの変化をしっかりと把握する

令和3年1学期　名前●●●●（3歳児）クラス●●組　担任：●●●●　　目標 幼稚園での生活を心地よく感じる

	ねらい	手立て	経過① 5月	経過② 6月	経過③・結果 6月末～7月	学期の総括
総合的遊戯活動（生活習慣）	・幼稚園で過ごす時間を心地よく感じる。・カバンや水筒をカゴに入れて、朝の支度をする。	・絵本やブランコ（布）などを用意し、本児の好きな物、本児を知る。・本児の好きなキャラクターをカゴに付け、目印にして支度する。	・家で『おつきさまこんばんは』が好きとのことで、保育者Tと見ることを繰り返した。雲で隠れることが面白いようだ。・細長い物（ままごとのスプーン）が好きで、口に入れたり、持ち歩いたりする。・土や水、泥にも興味があるようだ。・着替えでは手足を自分で入れる。	・着替えは（保育者Tの手伝いを借りてだが）嫌がることはない。「バンザーイ」と声をかけると手を挙げたり、「立ってね」と言うと、保育者Tの膝の上で立ち、ズボンを上げてもらう。（家では、自分でズボンを上げられるよう、母親が手助けして声かけをしている）	・カバンや水筒は、門で保育者Tが預かり、一緒または保育者Tが本児のカゴに入れ、本児はすぐに園庭を散歩したりにしている。キャラクターの目印を見つけ、喜ぶ姿もあった。	・骨折をしたが、家でも園でも高い所を怖がることなく登っている。・友達との「まてまて」や保育者Tとの「ブーランブーラン」など遊戯室で友達の中でトンネルやトランポリン、巧技台での飛び降りを楽しみ始めた。（雨の日）
クラス	・保育者や友達に名前を呼ばれたり、関わったりすることを喜ぶ。	・本児の名前を呼ぶ。休みの日も紹介し、クラスの一員という意欲を持つ。	・名前を呼ぶことで、友達も本児がいることを感じ、「●●君」と年長が目線を合わせて話しかける姿もある。・友達の遊び（ままごと）の中に入っていくが、スプーンや長細い物を探し歩くことが多い。・逆さまの「ブーランブーラン」が大好き。（身体接触も）	・●●組の子どもたちが保育者Tと本児が「まてまて」と追いかけっこをしている姿を見て加わり、「●●君、まて～」「トイレはダメだよ」と一緒にクラスと絨毯を走った。ニコニコと嬉しそうな表情で、トイレへの道を塞がれると、嬉しそうに走って逃げる姿があった。	・6月中頃、家の棚から落ちて、左肘を骨折。6月いっぱい休んでいたが、（クラスの子どもたちにも伝え）7月2日から登園。クラスの年中さんが、遊戯室で「まてまて」をすると、後ろを振り返りながら、嬉しそうに走って逃げる姿があった。	話し合い　・本児が休みの日も、クラスの友達に紹介し、お祈りをすることを通して、クラスの一員であるという（友達の）思いが強まっているように思われる。2学期も遊戯室での時間を大事にしていきたい。

- 本児だけでなく、クラス全体の子どもたちや保育者との関係性も含めて計画し、経過を記述して、話し合いをする
- 主にクラス担当が記入する

園からの学び

「個別保育計画」を活かし活用する8つのサイクル

　葛飾こどもの園幼稚園では「個別保育計画」を活用するために、具体的には、①子どもの観察からの理解、②理由・困り感への理解、③クラス担当者間で情報共有・検討・実践、④園全体で場面における情報共有・検討・実践、⑤クラス担任以外で観察・援助・環境設定、⑥園全体で状況確認・情報共有、⑦園全体・クラス・学年ごとに行事や園活動を提案、⑧子どもの様子を園全体で共有の8つのサイクルを、園全体で共通理解しながら取り組んでいます。

　主任保育者2名は、その過程において保育支援コーディネーターという役割を担いながら、常に担任と打ち合わせ、今、大切にすべき子ども、困り始めている子どもを取り上げ、その子を中心とした8つのサイクルをくり返していきます。必要があれば、短期間集中して1人の子どもに目を向け、保育者間で様々なコミュニケーションの場をつくり、園全体会に限らず、公式、非公式な場にかかわらず、様々な形で話せる機会を多くもてるようにしているそうです。

　子どもを担当する保育者のみが「個別保育計画」を作成し、振り返るだけで終わってしまう保育現場も少なくはありません。また、作成した計画をさらに活用して、よりよい保育を目指していきたいと思い悩んでいる保育現場も数多くあります。長い年月をかけて試行錯誤し続けて生み出されたこの8つのサイクルは、「個別保育計画」の1つの活用モデルとなり、きっと、多くの保育現場にとって深い学びを与えてくれることでしょう。

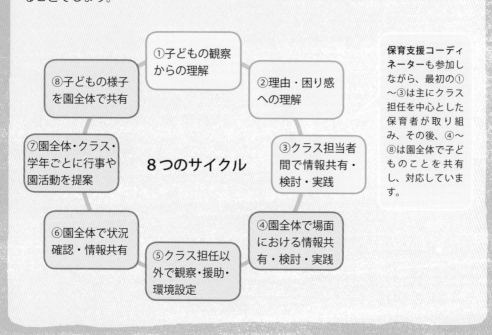

①子どもの観察からの理解
②理由・困り感への理解
③クラス担当者間で情報共有・検討・実践
④園全体で場面における情報共有・検討・実践
⑤クラス担任以外で観察・援助・環境設定
⑥園全体で状況確認・情報共有
⑦園全体・クラス・学年ごとに行事や園活動を提案
⑧子どもの様子を園全体で共有

8つのサイクル

保育支援コーディネーターも参加しながら、最初の①〜③は主にクラス担任を中心とした保育者が取り組み、その後、④〜⑧は園全体で子どものことを共有し、対応しています。

一人ひとりの違いを
理解する保育

園長：知念みね子先生

社会福祉法人風信子館　風のうた保育園

園データ
所在地：沖縄県那覇市安謝 2-29-26
園児数：0 歳児 18 人、1 歳児 18 人、2 歳児 24 人、3 歳児 24 人、4 歳児 24 人、5 歳児 22 人
園　長：知念みね子

執筆：市川奈緒子

ここに注目

- ●「何歳児だから」という見方ではなく、一人ひとりの発達の様子、力や苦手なところを把握して共有
- ●一人ひとりの発達を見通し、対応する保育を検討するために、ICTソフトを長年導入
- ●子どもが自ら育つ力を見守る保育を追究

園のあゆみと特色

　風のうた保育園は、沖縄県那覇市の中心部、空港からも首里城からも比較的近いところに位置しています。しかし、少し行くと自然豊かな場所がたくさんあり、安謝川という大きな川が流れています。

　2008 年に認可外保育所から現在の認可保育園になりましたが、その頃から検討を重ね、現在使用している「**個別指導計画**」作成のためのICTソフトを園児全員に対して使用してきました。

実践の様子

1. 風のうた保育園の保育

一人ひとりの違いを理解する

　風のうた保育園では、「この子は障害をもっている」「この子は発達支援の枠に入る子ども」という捉え方ではなく、一人ひとりが異なる人格をもった人としてそこにいて、その人たちがそれぞれのキャラクターをもちつつ、つながり合っているという考え方に基づく保育を形づくってきました。もちろん、一般的にも、3歳児のAちゃんよりも、ある部分では2歳児のBちゃんのほうがよくできる側面がある、ということは認識されていますが、園の特徴として、それらの一人ひとりの違いを丁寧にチェックし、共通理解をしながら、保育に反映させている点があります。そのために2008年より検討を重ね、ICTのソフトを使用するようになりました。つまり、一人ひとりの子どもの発達のチェックは、その子どもに「なんらかの障害を早期発見」するためのものでは決してなく、あくまでもその子どもに合った物的・空間的・人的環境を検討するためのものです。

子どもは自ら学ぶという信念

　まだ靴が1人では履けない1歳児に、大人が靴を履かせてしまっていたら、子どもの「靴を履きたい」という気持ちが育たないように、大人が子どもの行動を先回りしたり、指示を与えてしまっていると、子ども自らがやりたいことを見つけたり、主体的に判断して動く力が育ちにくくなります。風のうた保育園では、保育者は子どもに「やってあげる人」ではなく、子どもが主体的に遊び、動けるための子ども一人ひとりの育ちに合った物的環境・空間的環境を整え、そこでの子どもたちの学びを保障する人として存在します。

　社会的ルールも、大人が一方的に示すと、「先生が言ったから」といったルール理解になってしまいます。しかし子ども一人ひとりが、自分が大事にされ、自分の思いを実現できる環境にあることで、人を大事にすること、人の思いを知ること、それが自分の思いと競合した時にどうするかを考える力が身に付くと考えます。

保育者同士の関係性を大切に育む

　風のうた保育園では、園内の話し合いや研修会を数多く行っています。子どもを共通理解するだけではなく、保育者同士の学び合いやコミュニケーションを非常に大切にしているからです。クラスのリーダー保育者同士の会議も、0・1歳児クラスの会議も、週1回必ず行われます。そうした時には、5歳児クラスの保育者が0・1歳児クラスに入ってカバーし合うなどの体制を、日常的に取っています。

　また、保育者間の民主的な関係性、つまり各自が自分の考えをきちんと表明できる関係性の育成にも力を入れています。その一環として、2週間に1度、園長室で保育者同士の座談会が行われています。そこでは様々なおしゃべりをしたり、ボードゲームをしたり、

一緒におもちゃ作りをしたりという楽しい時間がくり広げられます。さらに、保育者で1本の映画を観てその感想を言い合う「映画部」という会が、年に10回程度あります。そこでは、同じ映画を観ても違う感想、違う思いを抱くお互いの考え方を知ることができるそうです。

　園長の知念先生は、保育者同士のコミュニケーション不足が子どもの姿に表れるとおっしゃいます。自分自身も仲間のことも認め合える保育者が、子ども一人ひとりの違いを認め合う園づくりを目指しています。

2. 風のうた保育園の「個別指導計画」

ICTソフトの活用

　昨今個別指導計画に利用できるソフトは、いくつか開発・市販されています。風のうた保育園で活用しているソフトは、その中でも特に「子ども主体の保育」を実践するためのものとして選ばれました。大人が主語になるソフトが多い中で、このソフトは『保育所保育指針』に沿って一人ひとりの子どもの発達をチェックするものなので、常に子どもが主語になります（図1）。また、ほかのソフトでは「P-D-S-Aサイクル」つまり、大人の立てた計画（PLAN）が先にあり、そこに子どもが参画して（DO）、その結果どうなったかを判断して（SEE）、計画を立て直す（ACT）という方式が多い中、このソフトは「DO」が先にある、つまり子どもの遊びや活動が先にあり、そこから子どもをどう見るか（SEE）、つまり子どもの発達のチェックをしながら、一人ひとりの子どもを知っていく、理解していくというところを重視しています。なお、このソフトは、発達のチェックをすることで、その後の成長を見通しながら保育の計画や月案が作成できるものです。

　この発達のチェックは、幼い子どもほど頻繁に行う必要性があり、その頻度は各クラスの担任保育者に任されています。大切なのは、これを使いながら子どもの発達の様子をつぶさに見るだけではなく、そこからわかることをほかの保育者と共通理解したり、子どもの発達の様相と『保育所保育指針』について理解を深めつつ学び合えることです。そのためのツールとしてもこのソフトは活用されています。

　このソフトはいわゆる「障害をもつ子ども」や「気になる子ども」だけに適用されているわけではありません。全園児に適用されています。そこには、どの子どもにもその子なりの独自の発達があること、そして「発達支援児」かどうかといった分け方をしない園の精神があります。

ソフトを活用して子ども理解を深めている

図1）ICTソフトの画面

		内容	ヒント	チェック 記録	チェック 印刷
保育者らとの関係	M0	保育者の愛情豊かな受容の下で、生理的・心理的欲求を満たし、心地よく生活する。	ヒント	☑	
	M0	子どもからの働きかけを踏まえた、応答的な触れ合いや言葉がけによって、欲求が満たされ、安定感をもって過ごす。	ヒント	☑	
	M0	生活や遊びの中で、自分の身近な人の存在に気付き、親しみの気持ちを表す。	ヒント	☑	
	M0	生活や遊びの中での保育者のすることに興味を持ったり、模倣したりすることを楽しむ。	ヒント	☑	
	M0	体の動きや表情、発声、喃語等を優しく受け止めてもらい、保育者等とのやり取りを楽しむ。	ヒント	☑	
	M0	温かく、受容的な関わりを通じて、自分を肯定する気持ちが芽生える。	ヒント	☑	
	M0	保育者の愛情豊かな受容の下で、安定感をもって生活する。	ヒント	☑	
	M0	保育者の受容的・応答的な関わりの中で、欲求を適切に満たし、安定感をもって過ごす。	ヒント	☑	
	M0	保育者や周囲の子ども等との安定した関係の中で、共に過ごす心地よさを感じる。	ヒント	☑	
	M0	保育者に見守られ、外遊び、一人遊びを十分に楽しむ。	ヒント	☑	
	M1	保育者に様々な欲求を受け止めてもらい、保育者に親しみを持ち安心感を持って生活する。	ヒント	☑	
	M1	保育者や友達と共に過ごすことの喜びを味わう。	ヒント	☑	
	M1	保育者や友達と触れ合い、安定感をもって行動する。	ヒント	☑	
	M2	保育者や友達などとの安定した関係の中で、いきいきと遊ぶ。	ヒント	☑	
	M3	保育者や友達などとの安定した関係の中で、意欲的に遊ぶ。	ヒント	☑	
	M4	保育者や友達などとの安定した関係の中で、意欲的に生活や遊びを楽しむ。	ヒント	☐	
友達との関係	M0	身の回りに様々な人がいることに気付き、徐々に他の子どもと関わりをもって遊ぶ。	ヒント	☑	
	M0	保育者の仲立ちにより、他の子どもとの関わり方を少しずつ身につける。	ヒント	☑	
	M1	友達とごっこ遊びなどを楽しむ。	ヒント	☑	
	M2	友達と生活する中で、きまりの大切さに気づき、守ろうとする。	ヒント	☑	
	M3	簡単なきまりをつくり出したりして、友達と一緒に遊びを発展させる。	ヒント	☑	
	M4	集団遊びの楽しさが分かり、きまりを作ったり、それを守ったりして遊ぶ。	ヒント	☐	

	内容	チェック
C1	音に反応してそちらを向こうとする	☐
	話をしている人のほうに顔・目が向く	☐
	要求によって泣き方を変える	☐
	「アー」「ウー」など、話をするように声を出す	☐
	人の声がすると動きが止まる	☐
C2	母親の声を聞き分けている	☐
	目の前で歌ってあげるとしばらく聞き入っている	☐
	オウム返しで答えてあげると喜ぶ	☐
	声を出して笑う	☐
	怒ったり、不愉快な思いがあると鼻をならす	☐
	声をかけると声で返してくる	☐
C3	音楽を聞かせると泣き止む	☐
	名前を呼ぶとわかる	☐
	要求があると声を出して知らせる	☐
	「ママ」「パパ」に近い声を出す	☐
	怒ったりすると、それを理解し泣いたりする	☐

「子ども主体の保育」を実践する園の方針に沿ったチェック項目が並ぶ

保護者との連携

　ソフトを使って子どもの発達をチェックした内容自体を、保護者との間に置いて共通理解していくわけではないものの、保護者と子どもの育ちについて話し合いたい時に、子どもの現在の発達や様子をわかりやすく保護者に伝えるための援助ツールとしても、このソフトは役に立っています。

　子どもが４歳になっても、朝抱っこして園に連れてくる保護者がいました。園長の知念先生が「抱っこしてきたの」とだけおっしゃったのに対して、その保護者は「抱っこしたほうがいいんですよね」と答えたそうです。その保護者はスキンシップが大事と考え、あえて子どもを抱っこして連れてきていたのでした。知念先生が体幹を含め、幼児期の体づくりについてやさしく解説し、「いずれランドセルを背負いますよね」というお話をされたら、その保護者は翌日抱っこせずに子どもと共に歩いて登園しました。知念先生が「今日は歩いてきたのね」とおっしゃったら、それに対して子どもがとても喜んでいました。さりげないことですが、その時々の子どもの「発達課題」、つまり、今子どもはどのように伸びようとしているのか、という捉えを大切にし、そのことを保護者に伝えるというよりも、一緒に考えてもらうような関係づくりをしているということだと思います。

　また、保護者に対してとても丁寧な園だよりを発行しています。例えば、その中に子どもの発達を捉えながら、靴が履けるまでの支え方について書くと、それを読んだ保護者が子どもへの靴の履かせ方が変わったりするそうです。おたよりの中では「園ではこのようにしています。だからおうちでもこのようにしてください」ではなく、園でなぜそのようにするのか、その「なぜ」のところを丁寧に書きます。そうやって子どもの育ちを見守る目というものを、少しずつ保護者との間でも共有していくのです。また、園だよりを使って保護者に説明することで、保育者のスキルがどんどん上がっていくということでした。これは、保護者とのコミュニケーションに悩むことの多い保育者にとっては、大変に有用な経験の積み重ねでもあると思います。

園内での勉強会の様子

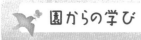

園からの学び

自分たちの目指す保育を明確にする

　園長の知念先生と保育者の方々は、とにかく勉強家です。東京や横浜の保育園を見学に行く、東北の保育について学び暑い沖縄ではどのように活かせるかを考える、社会福祉協議会の研究集会で発表する、保育学会に参加する、様々な大学の研究者のところに行って意見を聞いたり研修会に出たりする……。ありとあらゆる機会を捉えて、自分たちの保育のブラッシュアップに努めているのです。

　その一環が、今回の報告にもあった ICT のソフトの導入でした。つまり、常に自分たちの保育の目指すところとそのための課題を分析し、役に立つものを探索していく。そうした姿勢がおそらく、日本でももっとも早く、「**個別指導計画**」に ICT 化を取り入れた園の１つとなった理由であったと思います。それは「早いから優れている」といったことではなく、自分たちの目指す保育が明確であること、そして、それに向けて常に視野を広くもち、主体的にあらゆることに働きかけていくことが、なんといっても風のうた保育園の素晴らしさであると考えます。

　「一人ひとりの違いを大切にする」というのはとてもよく言われるフレーズです。しかし、保育者であるからには、そこに止まらず「どのように違うのか」を探り、その違いに応じた保育を展開する力、つまり子ども理解とそれに応じた保育力が求められます。それをもっとも端的に育てるための１つのツールとして、このソフトは採用されました。知念先生は「行事が行事のためのものであってはならないように、計画もその中に子どもを入れるためのものであってはならない」とおっしゃいます。「**個別指導計画**」もクラスの保育計画も、自分たちの保育を達成するために使う手立てに過ぎない。それを柔軟に使いこなせるだけの保育者の専門性の実現に向けて何をするのか、園長としてのあくなき追究を学ばせていただきました。

保育を必要としている
子どもはここにいる

社会福祉法人泉の園　認定こども園 風の丘

園長：甲斐恵美先生

園データ
所在地：千葉県松戸市大橋 300-1
園児数：0歳児5人、1歳児9人、2歳児9人、3歳児14人、4歳児14人、5歳児14人
園　長：甲斐恵美

執筆：市川奈緒子

ここに注目

- 自治体の中でいち早く踏み切った医療的ケアの必要な子どもの保育
- 医療的ケアの必要な子どもも含めて
  全園児の「**個別カリキュラム**」を作成
- 園内・園外の密な多職種連携

園のあゆみと特色

　認定こども園 風の丘を運営している社会福祉法人泉の園は、キリスト教の精神のもと、3つの園を経営しています。風の丘は、2018年に設立された比較的新しい園ですが、松戸市の中で医療的ケアの必要な子どもの保育を積極的に展開している園です。幼児クラスの隣に医療的ケアを必要とする子どものための部屋が設けられており、そこには車が横付けでき、そのまま車いすで入室できるような入り口が設置されています。

実践の様子

1.「個人カリキュラム」（個別指導計画）

　風の丘では、医療的ケアや個別の配慮を必要としているか否かは問わず、すべての子どもに個別指導計画である「個人カリキュラム」（図1）を作成しています。項目欄としては、「**子どもの姿**」「**保育過程**」「**評価**」があり、そのそれぞれに「**保護者支援**」の欄もあります。3か月分が1枚で書けるようになっています。

　医療的ケアが必要な子ども以外は、基本的にクラス担任が作成しており、すべての「個

人カリキュラム」の内容は、主幹の保育者が内容を確認して、アドバイスをしたり、相談に応じたりします。なお、「子どもの姿」の欄に関しては、子どもの状態や必要性に応じて、かなりのカスタマイズがあるそうです。

　図1は、ある医療的ケアを必要とする子どもの「個人カリキュラム」です。非常に端的に作成されています。全体の業務との割合を考えた時に、文書作成には大きな時間を取らないような工夫もされています。しかし、保護者も含めて支援のポイントが的確に記述され、ほかの担当者が見てもわかりやすいものとなっています。

図1）「個人カリキュラム」

※　養護（生命の保持・情緒の安定）　教育（健康・人間関係・環境・言葉・表現）
　　保育過程を記入する際、該当する項目を赤字で、生、情、健、人、環、言、表と内容の前に記す

	子どもの姿	保育過程	評価
4月 組 2才3ヶ月	健　帽子を嫌がる姿がある。 健　自分の身体機能を過信して階段昇降をしたい気持ちが強く出ている。 情　おもちゃへの興味・関心は薄い。 人　子ども同士のかかわりは少ないが以前よりも興味が強くなっている。	健　帽子をかぶることの良さを伝えるとともにほめることによってかぶることを促す。 健　やりたい気持ちを尊重して事故のないように見守り、介助していく。 情　ほかの子どもが遊んでいるところで保育者が一緒に遊びに交ざり、マネできるように促す。 人　見守ることを基本に本人が興味をもったタイミングで声をかけるようにする。	声をかけることで理解できることもあり、本児が納得すると行動も速やかになることが見られた。ほかの子どもへの興味はまだ薄く、大人へのかかわりが多く見られる。
保護者支援	母親の復職に向けて面談を行う。介護休暇の延長や考え方についてなど行政への相談の仕方なども含めて話をする。外出先での心ない声に対しての気持ちのもち方や考え方、また子育て中の母親の心情、子どもの人格についても話をする。		
	子どもの姿	保育過程	評価
5月 組 2才4ヶ月	人　叩くなどの行為によって人とのかかわりを求める姿が多い。 生　食具の使い方に慣れてきており、自分からスプーンを持つ姿が増えている。 言　言葉は出ないが全身で表現する姿が見られる。	人　不適切な方法で関わりを求めてきた時は、そのことに対して違うということを伝え、適切な方法を伝えるとともにサインなど表現方法も併せて考えていく。 生　食具を使うことへの関心が強くなっているため、取りやすい食材や形など傾向を見ていき、介助や工夫をして自分で食べる経験を積み重ねられるようにしていく。 言　行動を言語化して伝えることで言葉のシャワーをたくさんかけるようにしていく。	大人を叩いてきたときに方法が違うことを伝えていったことで、やさしくさわるようになっている。継続して伝える。手づかみ食べもなくなり、食具も上手に使えるようになっている。ただ集中できない状況が続いているため保育室での食事が必要。話すことはできないが、声を出して伝えようとする姿が多くなってきたので継続していく。
保護者支援	父親と話す機会があり、母親の不安定さを確認する。また母親からは本児のいやいや期について相談が多い。		
	子どもの姿	保育過程	評価
6月 組 2才5ヶ月	生　遊びもやりたいことを積極的にやろうとする姿がある。 言　伝えたい気持ちが強くなっている。手話の「おしまい」は理解している様子がある。	生　入院も控えているため、やりたいことも汲みつつ、できない状況がある時に納得できるように遊びの工夫や本児にとって命を守ることが伝わるように話をしていく。 言　気持ちを代弁することは継続し、サインを一緒に作っていくことができるように職員間でも共有を図っていく。	入院は体調不良の為延期。人工鼻など自分からつけようとしたり、トイレで座るようになってからすぐに取り換えることができるようになっている。気持ちの表現は、声のトーンやジェスチャーで表す姿が見られた。またあおぞらの子どもたちのことも認識する姿もある。また担任にも甘える姿が増えた。
保護者支援			

2. 医療的ケアを必要とする子どもの「個人カリキュラム」

「個人ファイル」（児童票）の作成

　「子ども全員の『個人カリキュラム』を作成しているのですから、その中で医療的ケアを必要とする子どもが特別なわけではない、みんな同じです」と園長の甲斐先生はおっしゃいます。しかし、その子どものニーズに応じて、その作り方や内容は大きく変わってきます。

　どの子どもも入園に際して、「個人ファイル」（児童票）を作成しています。保育に関して、その子どもについての必要な情報を聞き取ったり、集めたりしたものです。これは全員に作成しますが、医療的ケアが必要な子どもの場合、この情報が膨大になります。ざっと挙げただけでも以下のようになります。

- **疾患について**　：診断名、主治医、（障害者）手帳、服薬、治療、発作の有無、医師からの指示書等
- **生活歴**　　　　：妊娠中の状態、出産、退院、退院後の経過等
- **育児・介護状況**：主な介護者、協力者の有無、家庭への連絡方法、想定される緊急時の対応等
- **健康・発達状況**：皮膚の状態、水分の摂取、排泄状況、睡眠状況、運動発達（座位保持、手先の使い方、抱っこの仕方、立位の保持と立たせ方、拘縮の有無、脱臼の有無、側弯、歩行）、見え方、聞こえ方等
- **本人の嗜好等**　：苦手なこと、嫌いなこと、好きなこと、得意なこと、コミュニケーションの仕方、癖等

　図2は、**家庭における家族の動き**を記入したものです。医療的ケアが必要な子どもの場合、家庭ではそれがどのように行われ、だれが担っているのかを園が知っておくことが必要になります。場合によっては夜中に家族が何度も起きて医療的ケアをしなければならない場合もあります。

＊拘縮…なんらかの原因で関節が動かしにくくなった状態
＊側弯…脊柱などが曲がっている状態

看護師との連携

　医療的ケアが必要な子どもの場合、「**個人カリキュラム**」は、看護師と担任保育者が協力して作成します。園が医療的ケアの必要な子どもの保育を始めた当初は、市から看護師が派遣されてきました。現在は、園の常勤スタッフとして看護師が入ったことによって、「**個人カリキュラム**」も保育者と看護師が協力して作成できるほか、保護者に関することや、園全体の保育のあり方、職員の動き方等、深いところまで情報共有できるなど、保育者と看護師双方に深い学び合いができるようになりました。

　看護師は、医療的ケアの必要な子どもが、ほかの子どもとは別室で過ごすために配置されているわけではありません。そうではなく、医療的ケアの必要な子どもがほかの子ども

たちと共に暮らすためにはどのような配慮が必要か、どのようなやり方だったら実現できそうかを、医療の専門家として保育者と共に検討し、実現していくために機能しています。

図2）家庭における家族の動き

利用者氏名　　　　　　　　　様　　　　　　　　　　　　作成日　　年　月　日

		本人の様子	育児・介護	主介護者の暮らし	家族の暮らし	
深夜	4:00					4:00
	5:00					5:00
早朝	6:00					6:00
	6:30	起床 吸入（パル・メブ+生食）⇒朝食		起床	起床	6:30
	7:00		吸入準備（父親）	食事介助+自身の食事	吸入準備・吸入⇒食事	7:00
	7:30		歯磨き 着替え		7時過ぎに父親出発 着替えは行う。	7:30
	8:00		浣腸			8:00
午前	8:30					8:30
	9:00	園に出発				9:00
	9:30			引継ぎ 自宅に到着		9:30
	10:00			家事・用事をすませる		10:00
	10:30			（夕食も作っておく）		10:30
	11:00					11:00
	11:30					11:30
午後	12:00					12:00
	12:30			食事		12:30
	13:00					13:00
	13:30					13:30
	14:00					14:00
	14:30			お迎え		14:30
	15:00					15:00
	15:30	自宅に到着	吸入　パル・メブ+生食（状態により生食のみ）			15:30
	16:00					16:00
	16:30	おやつ→入浴		おやつ→入浴		16:30
	17:00					17:00
	17:30					17:30
夜間	18:00					18:00
	18:30		夕食 吸入　パル・メブ+生食（状態により生食のみ）	夕食		18:30
	19:00	就寝（休日でも19時30分過ぎには寝る）				19:00
	19:30					19:30
	20:00			家のことや自分の時間		20:00
	20:30					20:30
	21:00					21:00
	22:00				帰宅（早くて19時半）	22:00
深夜	23:00			就寝		23:00
	0:00				就寝	0:00
	1:00					1:00
	2:00					2:00
	3:00					3:00
	4:00					4:00

＊パル…パルミコート（吸入ステロイド喘息治療剤）
＊メプ…メプチン（気管支拡張剤）

医療的ケアの必要な子どもの「個人カリキュラム」で重視していること

　医療的ケアの必要な子どもの場合、「個人カリキュラム」を作成する時、特に「命」にかかわるところに項目が１つ設けられることがあります。大人にも慎重な対応が求められ、また、子どもの自立・自律ということを考えた時、本人にも自分の体について知ってもらうということを目指すための「個人カリキュラム」です。

　また、療育機関ではなく「こども園」であるため、友だちと育ち合いながら、社会性を成長させるところに大きなポイントがあります。

　ある時、次のようなことがありました。医療的ケアを必要とする子どもが１人しか所属していなかった時がありました。対象児のＡちゃんは、医療的ケアのための部屋を自分の部屋と認識し、看護師も医療的ケアのクラス担任の保育者も「自分の先生」という意識をもっていたようです。

　ある時、「日中一時保育」という形で、Ａちゃんよりも小さな子どもが医療的ケアを必要とする子どものクラスに入ってきました。Ａちゃんの戸惑いは大きかったようです。自分だけの先生と思っていた人が、自分よりも小さな子どもを抱っこしたりケアしたりしている、自分だけの部屋と思っていた部屋に知らない子どもが入ってくる……。Ａちゃんは担任保育者の後ろに隠れたり、ほかの子どもは見ないという意思表示をすることで、はっきりと拒否を示しました。

　Ａちゃんはこれまで、大人からもほかの園児からも「守られる」存在であり、またそのことを本人は当たり前と思ってきたのでしょう。ところが、自分よりもさらに「守られる」存在が自分のテリトリーに入ってきました。Ａちゃんにとっては新たな人間関係、新たな自分自身との出会いであり、そこで新たな発達課題に直面したＡちゃんを理解して、「個人カリキュラム」にその発達課題を取り入れながら、保育者も看護師も支えていきました。

　医療的ケアだけでなく、目に見えやすい障害のある子どもは、周りからケアされるべき存在、守られるべき存在として位置付けられ、子ども自身も「対等な」関係性や自分がケアするような関係性を学べずに成長することが多くあります。しかし園には、こうした子どもの自我や対人関係の力が、療育機関や家庭とは別の次元で育まれる仲間関係があるのです。

「個人カリキュラム」の活用について

　そうやって作成された「個人カリキュラム」は、何にどのように活用されるのでしょうか。

　１か月ごとに保育の評価、つまり振り返りが入っていることから、子どもの理解にも保育の理解にも保育の改善にも使われます。保護者支援の欄があることから、そのままを保護者に見せることはしないまでも、そこに記載されている子どもの様子は、適宜、保護者と共有されます。また、保護者を通して、医療機関等の併用機関とも連携します。例えば、このようなことがあるそうです。

　先ほどのＡちゃんが下着を自分で引き上げる練習をしたい時に、どのように介助すれ

ばよいか、保護者を通して理学療法士に聞いてきてもらったことがありました。また、食事に関して保護者に了解を取り、子どもの食事の様子を動画に撮って、訪問歯科の歯医者さんに見てもらったこともありました。

　園で作成した「個人カリキュラム」をそのまま併用の専門機関に渡すことは行っていませんが、専門機関で作成した「児童発達支援計画」は、保護者を通して入手し、自分たちの作成した「個人カリキュラム」と照らし合わせて、園でできることを柱に、重点的に行うようにしています。

医療的ケアを必要とする子どものカリキュラム作成と今後の課題

　医療的ケアを必要とするクラスが設定されている場合、それらの子どもの年齢も発達状況も様々です。その場合、カリキュラムは年間を通して作成していきますが、途中入園の子どもも多いことから、クラス全体の年間カリキュラムを作成していくことが大変難しく、どうしても個々のカリキュラム中心になりがちです。発達状況やケアのあり方が大きく異なる複数の子どもがいる時に、何をクラス全体として目指し、カリキュラムを組んでいくのかは、その都度課題になるということでした。

　「みんなで一緒に何かを行う」ことが難しく、一人ひとりの発達課題が大きく異なるクラスで、何を目標とし、どのように計画を立てていくのか、その課題は「保育とは何か」ということに直結するものではないでしょうか。課題に向き合うことで見えてくることも大きいと思います。

🍎 園からの学び

「どうしたらできるか」に思考をシフトする

　園長の甲斐先生は、医療的ケアの必要な子どもの保育に向けて学び始めた時に、そうした子どもたちの療育機関に見学に行ったそうです。驚いたことに、歩けない子どもたちの施設であるにもかかわらず、その施設は、子どもを抱えて階段を上らないとたどり着けない場所にありました。甲斐先生は、見学後、同じく見学に行った主任保育者と「自分たちにもできるね！」と話しながら、さっそくやってみることにしたそうです。

　また、2022年現在、松戸市の医療的ケアの必要な子どもに対する保育体制は、3歳以上児が対象に組まれています。しかし、風の丘は、乳児も一時保育として受け入れています。それは、保育を必要としている子どもと家族への思いのほうが、保育体制づくりの困難を上回るからだと思います。できない理由を数えるより、「では、どうしたらできるか」という方向に思考をシフトしていく……。その姿勢がこれまでも不可能を可能にしてきました。風の丘の保育と「個人カリキュラム」の作成は、そうした思いのもと営まれています。

子どもの願いを叶えるための個別指導計画

学校法人草木原学園　せいしん幼稚園

園データ
所在地：東京都小金井市中町 2-15-40
園児数：3歳児 32 人、4歳児 34 人、5歳児 34 人
園　長：渡邉孝之

園長：渡邉孝之先生

執筆：市川奈緒子

ここに注目

- 加配保育者の役割が、特定の子どものサポートに止まらず多岐にわたる
- 「個別指導計画」を、子ども中心に考えながら自分たちの園の保育にかなうよう変化させながら作成・運用
- 目の前の子どもの願いを聞き取り、それが実現できるような環境や対応を追究

園のあゆみと特色

　せいしん幼稚園は、東京都小金井市にある小さくて温かな幼稚園です。小金井市が発展し、人口が増え、幼稚園のニーズが高まっていた 1965 年に開設されました。

　ホームページには、「幼児が本来備えている新鮮な芽が、幼稚園という肥えた土壌に根をおろし、保育という太陽や雨の恵みをうけ、風雪に耐え、健やかに育っていくことを願ってやみません」とあります。保育の願いが明確であること、そこに至る資質を本来子どもたちはもっていると考えていらっしゃること、幼稚園や保育を、そうした子どもを育てる土壌と太陽や雨とみなしていること、つまり、子どもが自ら育つ力を信じ、そこに何かを植えるのではなく、豊かに育つための環境を整えることに保育の本来があるとの考えが伝わってきます。

実践の様子

1. せいしん幼稚園の保育

　せいしん幼稚園のクラスは基本として6クラス、6人の担任保育者のほかに複数のベテランの加配保育者がいます。その保育者が、それぞれ別の子どもを1人ずつ担当しているわけではなく、入れ替わりで日によって異なる子どもに対応することも多くあります。子どもによっては、対応してくれる大人が替わってしまうと混乱することがあるので、一定程度は担当者を固定する場合もありますが、そういったことも含めて、子どもたちにとって必要な支援・対応を必要なタイミングで（支援をし過ぎないということも含めて）、加配保育者が有機的に連携して行っています。そのため、場面によって個別のサポートが必要な子どもたちのことを、これらの保育者は共通してよく理解しており、全員で子どもへの対応について協議し、必要に応じて担任保育者と相談していく体制をとっています。

　加配保育者より若い世代の担任保育者にとっても、加配保育者はよき相談相手です。園長の渡邉先生によると、加配保育者と担任保育者は年齢層や職務形態が異なるために相談しやすく、発達支援の対象になる子どものことばかりではなく、保育技術なども相談できるような雰囲気と関係性があるようです。話し合いの時間は特に設定せず、必要に応じて保育後の時間に井戸端会議的に話し合います。

　せいしん幼稚園の特徴は、「ベテランの加配保育者が有機的に協働し、担任保育者を支えていること」と、この「チームワークのよさ」にあると思います。

2. せいしん幼稚園の「個別指導計画」

　せいしん幼稚園の「**個別指導計画**」は、基本的に次の枠組みで作成されています。

---

① 作成対象の子どもは基本的に加配保育者がなんらかの形で対応する子どもである。
② 書式に決まったものはない。
③ 加配保育者と担任保育者が中心になって作成する。
④ あまり長期的なかっちりしたものは作成せず、必要なポイントを立てていく。
⑤ 必要に応じてクラスの指導計画の中にも個別の子どもへの対応を記載する。
⑥ 基本的には、保護者にそのまま見せるものではない。

　「決まった書式に長期的な計画をかっちり作成していく」という方法を取らなくなった経緯と理由があります。まずは、「子どもの姿が予想と大きく異なることが多いため、計画をその都度立て直す必要が生じたり、せっかく立てた計画があまり使えないことが多いこと」です。例えば、他児を噛んでしまう子どもがいて、そういう行動をどのように抑制できるのかという計画を長期で立てていたら、比較的短期間でその行動がなくなることがありました。また反対に、なかなか部屋に入れない子どもがいて、入れるまでにおよそ2

か月と予想を立てて対応していたら、4か月経っても入れないことがありました。かっちりした長期計画を立ててしまうと、その都度子どもの様子に鑑みて立て直しが必要になるので、細やかに対応していかないと、保育の自由度が減ってしまう事態になりかねません。

　もう1つの理由は、「文章でかっちり書いても、人によって表現が異なったり、用語の共通理解が難しくて、結局共通に使えるものになりにくいこと」です。例えば、「個別指導計画」に「こういう状況の時にはこうした対応をすると、子どもはこのようになる」のような記載があっても、書いた人とは別の保育者が同じことをやってみても、同じようになるとは限りません。子どもの行動は定式的なものではありませんので、これはある意味当たり前のことでもあり、「個別指導計画」の限界でもあると思います。だからこそ、「この時はこうする」のような対応のパターンではなくて、かかわる保育者が、その都度子どもについての必要な情報を共有しながら、「子ども理解を共通に高めていく」ことを目指しているものだと思います。

　また、一人ひとりの子どもが違うもの（障害や発達の特性）をもっているために、「計画を立てる」こと自体が困難なこともあると園長の渡邉先生はおっしゃいます。これまでの保育で経験したことがないような子どもが入園してきた時には、まずはその子どもを見て、その子どもと付き合いながら、何ができて何ができないのかを知り、その子どもと幼稚園の集団生活のすり合わせを丁寧にしていきながら、保育を細やかにつくって展開していきます。

　なお、子どもへの認識が保護者と園でずれていることがあります。保護者からすると、園にお願いしたいことと園がやっていることが違うと感じることがあって、そこで保護者との信頼関係を損なう可能性があるために、「個別指導計画」は、そのまま保護者に見せていません。しかし、必要に応じて、この計画をもとに園でどのような配慮・対応を行っているかを、保護者にわかりやすく伝えていきます。

3. 足を引きずりながらもリレーを走った子ども

　「個別指導計画」の作成が保育分野でも奨励されるようになった当初、渡邉先生は、きちんとした枠組みによる計画を作成するよう保育者に依頼したことがありましたが、前述のようなことが様々に出てきて、作成に時間がかかるのに作成しても使えないということがたびたび起こりました。書式もいくつか使用してみたそうですが、あまりうまくいかず、そうした中から保育者が作りやすく、使いやすいように徐々に変わってきて、現在の姿になったそうです。この試行錯誤は、現在の保育現場での「個別指導計画」の課題を、的確に示しているように思います。では、はたして「個別指導計画」はなんのために作成し、どのように使われるべきなのでしょうか。そのことを示す事例を紹介します。

4. 子どもの代弁者としての保育者

　下肢がうまく動かず、自力では歩けない状態で年少クラスから入園してきた子どもがいました。当初、「この子は専門家から一生歩けないだろうと言われている」と保護者から聞いていたそうです。そこで、家庭から車いすや歩行器を幼稚園に持ってきて本人が使うという形で保育が始まりました。園としてははじめてのことで、集団の中にどのように入れていくかという目途は立ちませんでした。ただ、本人に無理をさせることで悪化やけがのリスクはあるかもしれないが、本人がやりたいということはできるだけやらせていこうという方針を立てました。

　その子どもは、友だちと共に生活するうちに、自分の足で歩きたい、歩行器は使いたくないという意思表示をし始めました。そこで、伝い歩きをするその子のために、クラスでは机をその子の手の届く範囲に設定して、伝い歩きがしやすいように工夫していました。そうした経過やクラスの努力、その子の成長を共有しているうちに、その子どもが自分で歩くことに関して、園全体でサポートする体制をつくることになりました。具体的には、その子が廊下を移動する時に、廊下側の各クラスのドアを閉めたりなどして、彼が伝い歩きができるようにするなどです。なお、その頃、保護者は園での事故やけがを恐れて、子どもにはできるだけ歩行器を使わせたかったようでした。

　そのような生活の中で、その子どもは徐々に歩行できるようになり、年長クラスになる頃には、足を引きずりながらも少し走れるようにもなってきました。本人ができるだけ自分の力で行いたい気持ちが強かったこともあって、担任保育者も加配保育者も、行事等にもなるべく大人がそばに付かずに、その子が自分の力で参加することを目標とし、そのための環境を整えることに注力しました。運動会のリレーや綱引き、お遊戯なども、移動の距離が短くなるような場所を設定するなど工夫することで、その子が自分の力で参加することが達成されました。

　リレーの時には、保護者からは転ぶと危ないので、歩行器で走らせてほしいという要望が出たそうです。しかし、園の保育者たちは、就学後にこの子がほかの子と一緒に走れることはもしかしてないかもしれない、つまり、その子の「みんなと一緒に走りたい」という願いが叶えられるのは、今回が最後かもしれないと考えました。そして、保育者たちが保護者にその子を走らせてほしいとお願いをしたそうです。

　子どもがリレーを走る時、どのような子どもであっても転んでけがをするリスクはあります。ましてや足を引きずりながらでは、転ぶ可能性は大きくなることでしょう。ですから、保護者から転ばないようにと歩行器使用の要望が出たら、園としてはそれを受け入れるのが通常かもしれません。

　その保護者に対して、子どもの願いを叶

えるようにお願いした保育者たちは、いわば子どもの代弁者です。その代弁をほかでもない保護者に対して行ったところに、子どもへの深い理解と信頼が感じられます。「あなたは歩けないからできない」というメッセージではなく、常に「あなたのやりたいことをできるように一緒に考えよう」という力強いメッセージに囲まれて過ごした、その子にとってははじめての集団生活は、子どもの自己理解に大きな影響を与え、その生きる道を支えたことと思います。

　その子どもは、入園当初、専門家にも保護者にも「一生歩けない」と考えられていたのですから、もし、専門家や保護者と連携をとって長期的なかっちりした「**個別指導計画**」を作成し、それに基づいた保育をしていたら、かなり異なった結末になっていたことが推測されます。これはまれな例と思われるかもしれませんが、保育の中での成長は、いわゆる専門家の予想を超えることがままあります。せ

いしん幼稚園にとっての「**個別指導計画**」は、子どもの成長を予測し、目標を立てるものというよりは、子どもの願いをよく聞き取り、それを実現するために保育者がどのような環境を整え、どのような配慮をするのかを示すものだと思います。

🕊 園からの学び

話し合うことで共通認識を深める大切さ

　渡邉先生は、「その都度異なる症状の子どもが入園してくるので、目標を立てることなんて無理です」とおっしゃっていました。しかし、そうした時に、どうやって保育をしていくのか、園の事例から学ぶことができます。専門家と連携することはもちろん大切なことですが、とにかく子どもを見ること、子どもから学ぶことを誠実に丹念に園全体で積み重ね、話し合いながら共通認識にしていくことが大切です。「**個別指導計画**」が、なんのために必要なのかの原点を示してくださいました。

　また渡邉先生は、「うちの幼稚園は規模が小さいので、実際のところ、文章でやりとりしておしまいにするよりも、実際に必要な時にみんなで集まって話をしたほうが、その時の書ききれない部分も共通認識しやすいところがあります」とおっしゃいます。もちろん、職員の人数も子どもの人数もある程度限られているほうが、共通理解を深めていくうえでは有利に働くと思います。しかし、園の規模にかかわらず、渡邉先生のおっしゃっていたような「**個別指導計画**」に関する課題には共通するものがあるのではないでしょうか。せいしん幼稚園の場合、その課題に対して「子どもにとって何が大切か」を柱に、ぶれずに対応策を求めてきた結果が、現在の体制になっているのだと感じられました。

みんなの保育を
みんなでつくる

園長：横山まさ子先生

学校法人朗峰学園　長谷幼稚園

園データ　所在地：神奈川県鎌倉市長谷 3-8-38
園児数：3 〜 5 歳児 140 人
園　長：横山まさ子

執筆：市川奈緒子

ここに注目

● 加配保育者を配置せず、保育者の連携で
　どのような子どもも受け入れる
● 定まった個別指導計画ではなく、
　「願い（最も重視する経験）」を作成する
● すべての保育者と子どもが一緒につくる保育

園のあゆみと特色

　長谷幼稚園は、1952 年に宗教法人光則寺が設立した幼稚園です。設立当初から、保育者同士が試行錯誤をしながらも、皆で保育するという体制があり、どのような障害があっても「この幼稚園に入りたい」という要望があれば、断ることなく受け入れてきました。1981 年に現在の学校法人朗峰学園が設置者となり、同時に新園舎も完成しました。

　江ノ島電鉄の長谷駅から、いかにも鎌倉らしい町並みを少し歩いたところにあります。近くには長谷観音や大仏があり、

自然豊かな土地柄でもあります。幼稚園の隣が光則寺で、子どもたちはここも日常的に遊び場にしています。そこには、クジャクが飼われており、子どもたちから「くーちゃん」と呼ばれ、かわいがられています。

　園のホームページには、園のキャッチフレーズとして「ひとりひとりが持っている『たからもの』、長谷幼稚園でキラキラと輝く。"自ら生きる力"を育てる楽しく創造的な幼稚園！」という言葉があります。

実践の様子

　長谷幼稚園は、どのような子どもも受け入れつつ保育をしている幼稚園ですが、いわゆる加配保育者を置いていません。以前は、子どもの担当を決めていたことがありましたが、当該の子どもに何かあっても、周りの子どもたちが直接かかわるのではなく、担当の保育者を呼びに行くようになり、これは自分たちの目指す保育ではないと考えたためです。また、定まった形の「個別指導計画」も立てていません。保育のねらいや目的を決めて、それに向かって指導をする保育では、子どもたちの主体性を損なうと考えたからです。そしてまた、長谷幼稚園の目指すすべての子どもが今のありのままでいいという、お互いを認め合う保育にしたいと考えました。では、そうした保育がどのように成り立ち、営まれているのでしょうか。キーワードは、「クラス別ではない全員保育」「一人ひとりの子どもが素材とかかわる環境設定」「全員で協働する保育」です。

1. クラス別ではない全員保育

　年少クラスの子どもたちは「あかのこ」、年中は「あおのこ」、年長は「きいろのこ」と呼ばれ、彼らは異年齢クラスに所属しているものの、常日頃の保育の中では、ほぼ全員が自由に動き、遊び、交流しているので、クラス別の設定保育が基本にはなっていません。

一人ひとりの子どもが自分のやりたいことを、やりたい場所で実現していく、その過程をすべての保育者がサポートしています。

　そのため、保育者が何か課題や活動を設定して、それに子どもが参加するという保育の形はありません。子どもたち自身がつくった場の中で、子どもたちが遊びや生活

を一緒につくっていく。それができるように保育者がサポートする。それが長谷幼稚園の保育です。

2. 一人ひとりの子どもが素材とかかわる環境設定

長谷幼稚園のホームページには、次のようにあります。「長谷幼稚園には既製のおもちゃはありません。 － 中略 － 子どもの手によって、どんなものにでも変えられる材料（廃材等）を幼稚園では出していきたいと考えています」。

一人ひとりの子どもが自由に素材と出合い、向き合い、イメージを広げながら創造していけるように、様々な素材（砂、水、泥、木、布、食材、様々な廃材等）とかかわるための道具（はさみ、くぎ、とんかち、のこぎり、包丁、縫い針等）が用意され、それらが子どもたちにふれられることを待っています。そうした環境構成が園の保育の出発点であり、日々行われるべき重要な保育です。

一部の子どもたちにしか使えなかったり、過ごせなかったりする環境をつくっておいて、それを使えない子どもに個別の「合理的配慮」をするという考え方ではなく、そもそも、どの子どもも快適に過ごせ、主体的に使える環境を設定することから始めるべきではないか……、それがベースにあっての「合理的配慮」であるべきだというのが、長谷幼稚園の考え方です。

3. 全員で協働する保育

以上のような保育では、クラス担任がクラスの子どもだけと過ごすという形はとれません。子どもたち全員が自由に遊ぶ中、大人はすべての子どもが主体的に過ごせるように、相互に力を合わせつつ目配り、気配りすることが重要です。そのため、相互連携の準備に相当な時間をかけています。

毎日の保育後に、2時間の話し合いの場を設けています。そして、園児全員の情報交換と必要な話し合いを行います。話し合いの内容で大切にしていることは、子ども同士のかかわり、前日とのつながり、子どもと保護者との関係です。園には園バスはなく、保護者が送り迎えをしているため、その時の親子の様子や保護者からの様々な情報を話し合いの

場で共有します。

　以下は、ある日の話し合いの記録の一部です。

　　園児 A：C くんのこと、B ちゃんたちがおもちゃ扱いしているよね、A から見ても
　　　　　　いやだと思う。
　　保育者：周りの子から見て「いやだろうな」と思うようなことは言ってほしいな。
　　園児 A：あまり話したことがないから、そういうのは話せない。
　　保育者：もし言えそうなら言ってほしい。言えなければ大人に言ってほしい。
　　　　　　　　　　　　　　＊＊＊＊＊＊＊＊＊

　　園児 D
　　登園時、母と離れようとすると涙が出てくる。母は離れるきっかけをつくろうと
　　しているが、タイミングを合わせることが難しい。
　　　　　　　　　　　　　　＊＊＊＊＊＊＊＊＊

　　園児 E
　　E くんがかわいいと思っている対象は、F ちゃんと G ちゃん。何かを作って楽しむの
　　は 1 人でやることが多い。探検は、H くんと一緒。彼は引っ張ってくれる存在である。
　　　→ I ちゃんと楽しめていくとよいと思う。

　クラスで動くわけではないため、子どもは園児全体の中から同じ興味・関心のある子ど
もを見つけたり、憧れの年長児を見出したりします。そして、人間関係はクラス単位で
行動するよりも、はるかに複雑になります。その複雑な関係性や一人ひとりの思いを、保
育者が全員で見て、必要なところにかかわっていることが見て取れます。そこには、保護
者の思いも書かれており、保護者の気持ちに寄り添い、親子関係をもサポートしようとい
う保育者の姿勢が表れています。そして、「何かをやらせ達成することを目指す指導計画」
とは異なりますが、「こうなっていくといいな」という保育者としての願いも汲み取れます。
　毎日の記録は、記録係の保育者がもち回りでつけるものですが、それとは別に、各保育
者は話し合いの内容、特に自分のクラスの子どものことを丁寧に記録していきます。そこ
に決まった形式はなく、保育者によってはパソコンで記録し、毎月更新していくこともあ
れば、ノートにびっしり手書きする人もいるそうです。
　それらの記録をもとにしながら、学期ごとに、子ども一人ひとりのまとめについて 2 日
間かけて話し合います。その際、担任の保育者は、クラスの子どもたちの「育ってきたと
ころ、気になるところ、次の学期に行いたいこと」等を簡単にまとめたプリントを全員に
配って、それをもとにした全員での振り返りと次の学期に向けての願いについて話し合う

のです。これも決まった書式はありませんが、とりもなおさず、これが実質的な子どもの「**個別支援計画**」となっているのだと思います。

　こうした綿密な話し合いの結果、保育者全員がすべての子どものことを理解でき、協働して保育を展開することが可能になっています。

 園からの学び

「そのままでとてもすてき」という肯定的な思い

　「インクルーシブ保育」とひとことで言っても、残念ながら、その概念が全国の保育現場に広く共通理解されている段階にはありません。保育現場によっては保育者が「みんなで一緒にやるプログラム」を立て、それに興味・関心をもてない子どもや、理解できない子どもがいた時に、どのようにその子どもたちを「保育者の立てたプログラム」にのせていくかという発想も見られます。

　長谷幼稚園の保育からは、一人ひとりの子どもが主体であり、子どもは子ども同士かかわりながらの生活によって成長するという信念が強く伝わってきます。そして、その保育を実現するために、子どもが素材とその素材にかかわるために必要な道具を、自由に使える環境が用意されています。子どもは、保育者や周りの子どもたちを見たりかかわったりしながら、自分の興味を引く素材を選び、自分の抱くイメージに沿って、自分の使いたい道具を使って、自分の時間を十分に費やして、時には保育者やほかの子どもの手助けを得たり、協力したりしながら、素材の感触を楽しんだり、自分の思いを表現しています。その遊びは、その子どもに「知的障害」や「発達障害」等の診断があってもなくても、大きな違いはありません。保育者は、子どもの「障害」ではなく、子どもの興味や願いを注意深く見守り、子どもが自分の力を発揮して願いに向かっていけるように、そして、その遊びが友だちとの生活の中に根付き、展開していけるように、細心のサポートをしています。そしてまた、そのサポートは、「どの子どもも、そのままでとてもすてき」という、子どもへの肯定的な思いに裏打ちされています。

　保育者の毎日の充実した話し合いは、毎日の保育を実現していくうえで必須のものです。また、複数の保育者の目が子どもたちを捉え、子ども理解を確かなものにしていくとともに、ほかの保育者の考えや視点を知ることでお互いに学び合う絶好の機会になっています。いわば、毎日が研修のようなものだと思います。しかも、一人では理解や対応が難しいと思われる子どもがいた時にも、一人で悩むのではなく、保育者みんなで考え、試行錯誤することができます。長谷幼稚園では、子どもだけでなく、保育者も一人ひとり認め合い、相互に大切にされています。このことも、「インクルーシブ保育」の根幹をなしているのではないでしょうか。

保護者の思いを支え、汲み取り、共有する個別指導計画

学校法人西那須野学園　認定こども園 西那須野幼稚園

園データ
所在地：栃木県那須塩原市西大和 6-15
園児数：0〜2歳児 30 人、3 歳児 75 人、4 歳児 90 人、5 歳児 95 人
園　長：福本光夫

園長：福本光夫先生

執筆：仲本美央

ここに注目

- ●コミュニティー・インクルージョンの実現に向けた方針
- ●保護者の思いを支え、汲み取り、情報共有する中で生まれる共通理解
- ●幼稚園と児童発達支援センターが協働してつくり出す、
　子どもの育ちを支える仕組み
- ●「分かち合いノート」が生み出す保護者のエンパワーメント

園のあゆみと特色

　認定こども園 西那須野幼稚園は、西那須野教会の付属園として 1957 年に開園した白百合幼稚園から始まりました。現在は学校法人西那須野学園が運営主体となり、学童保育事業も実施、2017 年には同法人を母体とする児童発達支援センター「シャローム」を開設しました。それらに隣接する位置に、社会福祉法人しらゆり会が運営するこひつじ保育園があります。

　理事長・園長の福本先生を中心に、これらの施設全体で地域社会への持続可能なサポートとなるコミュニティー・インクルージョンの実現を目指しています。施設内の子ども・保護者の利用だけでなく、老若男女、障害の有無といった枠組みのない地域コミュニティー施設としての役割を果たすべく、様々な事業に取り組んでいます。

　図 1 は、子どもを中心とする地域社会へのかかわりを示したものです。①「めんどうを見る機能」には、学童保育や延長保育、医療的ケア児保育などの実施、②「むら機能」には、地域のお年寄りとの交流や更生保護女性会の方々との昼食会等が挙げられます。③「伝

える機能」には、ホームページでの子育て情報の発信やおたよりの発行があり、④「集う・募る機能」には、「けあらーず・かふぇ」があります。ここは、障害児者父母の会、市社会福祉協議会、こだま社会福祉士事務所、そして**児童発達支援センター「シャローム」**が共催して運営する「だれが来てもよい」場所です。他愛ない会話の中で、家族や子育て、自分のこと等なんでも話せる場を意識し、ケアを軸とした重層的支援に取り組んでいます。⑤「**場をつなげる機能**」には、家庭で育児をする保護者とその子どもが、ほかの親子と交流を図ることができる子育てサロンや保護者お楽しみ会等があります。⑥**児童発達支援センター「シャローム」**は、幼稚園児も含め、地域に暮らす障害のある幼児や小学生が、日常生活における基本的動作や集団生活適応への支援を受けるための施設です。支援を必要とする幼稚園児が、教育時間の間や降園時間後に利用できるほか、親子通園や放課後等デイサービス、相談支援などを行います。中でも保育所等訪問支援は、集団生活の中での子どもの困り感や保育者の悩みについて、ST（言語聴覚士）やOT（作業療法士）等の専門知識をもつ職員がアドバイスを行うもので、地域のニーズも高まっています。

図1）西那須野幼稚園「トトロ・プロジェクト2000」の概要

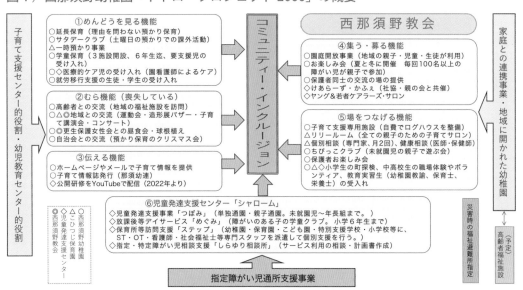

2022年4月時点　西那須野幼稚園作成

実践の様子

1.「せいかつひょう」で情報交換

　西那須野幼稚園には、2021年12月現在、支援が必要な子どもたち42名が在園し、特別支援教育担当として13名の加配保育者を配置しています。そのため、毎日30分程度、加配保育者の中から選任した特別支援教育主任を中心に、職員が抱える悩みや業務改善への問題提起、子どもの育ちに関する情報などを話し合い、考えや思いを分かち合う時間をつくっています。さらに毎週金曜日には1時間の学習会を実施し、専門書を開くなどして

子どもへの対応について学んでいます。支援が必要な子どもたちは、それぞれクラスに在籍し、ほかの子どもたちと一緒にクラス保育を中心に活動しているため、加配保育者にはクラス担任との情報交換の時間も必要です。特別支援教育に関するミーティングなどに加えて、このような時間を設定するのはとても困難ですが、その役割を担う「せいかつひょう」の活用が40年以上前から続いています。

　「せいかつひょう」は、特別支援教育が必要な子どもの保護者とその担当加配保育者との交換ノートです。保護者は家庭における子どもの姿を、加配保育者は園生活の様子を毎日記録し、その中で、互いの思いや考えを伝え合っています。図2は、「せいかつひょう」の記述例です。Y君が毎日のようにすべり台に挑戦している様子を、加配保育者のA先生が保護者に伝えていました。Y君の成功とその育ちの姿をくり返し伝えたことで、共に喜び合える関係性が築かれていることがわかります。そして、この「せいかつひょう」をクラス担任が読むことで、子どもの姿を中心とした三者の共通理解を図ることができます。

図2）加配保育者のA先生とY君の保護者の「せいかつひょう」の記述例

加配保育者A先生

　のりは、しっかりできるようになりましたね。個人製作で台紙にのりを全体につけることを自分から始めました。水遊園の印象画を描くと、グルグル描きをしていて、何を描いているのかを聞くと、「お魚」と答えたので、お魚さんに目を描いてあげてと声をかけ、色も交代と伝えると描いていました。こんな感じですが、Y君は魚と言って、ずっと続けて描いていました。その後、戸外遊びに出て、「みどりのすべり台ね」といつものように声をかけてみました。どうしたことか、頂上まで行って自分ですべり降りてきて、私のほうが驚いてしまいました。「やったね」とジャンプしたり、抱っこしてあげたりすると、何回もすべってきて、その都度、抱っこしてほしいと求めてきて、かわいいです！　今日のおかわりは汁のみでした。

Y君の保護者

　ありがとうございました。のりはもっと時間がかかると思っていました。もう大丈夫そうですね。水遊園も楽しかったのでしょうね。帰宅後、すぐに水族館の絵が描いてある絵本を読んでいました。あっという間に読み終わりましたが、みどりのすべり台！　すごいですね！　これものり同様、もっとかかると思っていました。「みどりのすべり台、すべったんだね」と声をかけると「すべったよ」「たのしかった」と答えてくれました。得意げな顔をしていました。子どもの成長って本当にすごいですね。次回もすべってくれるといいですね。Yをかわいいと褒めてくださるととても嬉しいです。かわいいんです（親バカ）。最近は、本人が気が付いた時しかしてくれませんが、人気お笑いタレントのギャグ等、一発芸？　ができます。しょうもないことを仕込んでます

　一緒に笑って楽しむこと。とても大切だと思います。

　投薬書・薬入っています。よろしくお願いします。ちなみに、嘔吐しそうな時は、自分でエプロンを持ったり、食事中ではない時はゴミ箱に顔を入れるというか、出そうとしてくれます。でも、うまくできなくて、ゴミ箱周辺、吐しゃ物まみれになりますが…。

　それは大変ですね。

※加配保育者A先生は保護者の記入欄に赤ペンで下線を引いたり、コメントを記入したりしています。

2. 保護者や専門機関と協働して作成する「個別指導計画」

　西那須野幼稚園の「個別指導計画」は、学期ごとに年3回、加配保育者が担当して特別支援教育が必要なすべての子どもに対して作成します。その内容には、(1) KIDS 乳幼児発達スケール（以下、「KIDS」）を活用して、子どもの育ちの状況を把握し、計画に見通しやねらいをもつ、(2) 保護者の願いを汲み取り、話し合いながら計画を作成、(3)「なかよし保育」の設定、(4)専門機関と連携して計画を検討という大きく4つの特徴があります。ここでは、その特徴の詳細を、実際の医療的ケア児 I 君（5歳児）のために幼稚園が作成した「個別指導計画」（図3）と、児童発達支援センターが作成した「個別支援計画」（図4）をもとに解説していきます。

(1)「KIDS」を活用して子どもの育ちの状況を把握し、計画に見通しやねらいをもつ

　「KIDS」によって、保護者と共に家庭と園での子どもの育ちの状況を捉え、その結果を計画の作成に反映させます。「KIDS」は、乳幼児の自然な行動全般から発達を捉えることができるため、保護者や保育者など、子どもに身近な人間がどこにいても短時間で診断できることが特徴です。入園前に「KIDS」を活用することを知らせ、保護者が最初の評価を行います。その後は加配保育者が中心となって、保護者と情報交換をしながら卒園まで評価を継続します。これに基づき、発達に即したねらいを押さえ、子どもの育ちを捉えるうえで、伸びている部分や伸び悩んでいる部分を明確にしながら、「個別指導計画」を立てるようにしています。

(2) 保護者の願いを汲み取り、話し合いながら計画を作成

　毎学期のスタート時には、担当する加配保育者が、支援の目標について保護者から希望などを聞き取ります。支援の目標を定める1つの手立てとして、前学期の末頃に、希望する保護者に対して個別面談を実施します。面談では、その学期の「個別指導計画」に記録された子どもの様子や結果（図3の「**具体的な方法・取組の様子・結果**」の項目を参照）を共に振り返りながら、子どもの育ちについて共通理解を図り、今後の支援課題などについて話し合います。

　保護者が面談を希望しない場合でも、日頃から「**せいかつひょう**」などで、子どもの様子を互いに伝え合っているため、保護者との認識にズレが生じることはほとんどありません。それだけ加配保育者は、日常的な会話や文章を通して、保護者との共通理解に努めています。

(3)「なかよし保育」の設定

　幼稚園の子どもたちは、基本的にクラス保育を中心とした生活をしていますが、特別支援教育が必要な子どもだけの小集団保育として、「**なかよし保育**」を定期的に実施しています。月に4、5回、その時間のねらいや目標を設定し、子どもの思いや願いを汲み取って、

楽しい時間となるように配慮しています。一人ひとりに丁寧にかかわりながら、現在必要な力を伸ばすための保育を実践しています。

図3）I君の「個別指導計画」

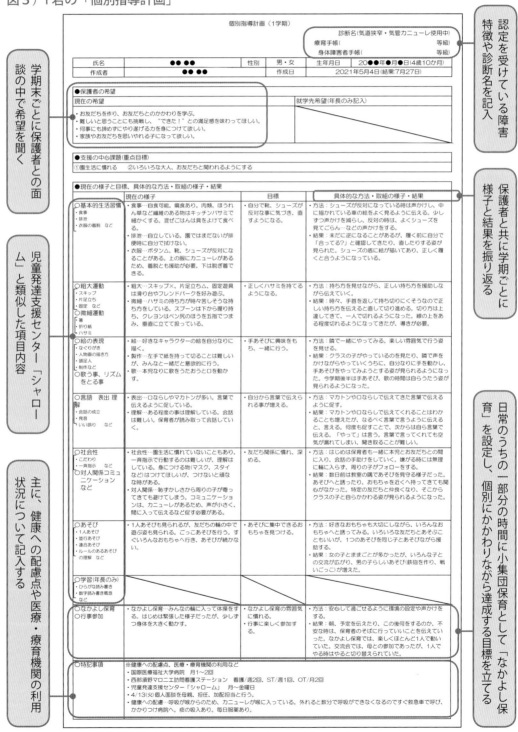

学期末ごとに保護者との面談の中で希望を聞く

児童発達支援センター「シャローム」と類似した項目内容

主に、健康への配慮点や医療・療育機関の利用状況について記入する

認定を受けている障害特徴や診断名を記入

保護者と共に学期ごとに様子と結果を振り返る

日常のうちの一部分の時間に小集団保育として「なかよし保育」を設定し、個別にかかわりながら達成する目標を立てる

図4）Ｉ君の「個別支援計画」

（表面）

氏名		生年月日	年　月　日（　歳　ヶ月）
児童発達支援管理責任者		作成日	年　月　日（モニタリング：　　年　月）

個別支援計画書
児童発達支援センターシャローム

●本児・保護者の意向
・遊びの中で色々な経験をしたり、友だちとのかかわりを学んでほしい
・たくさん身体を動かしてほしい
・絵本をたくさん読み、聞いて発想力を高めてほしい

		現在の様子	振り返り（モニタリング）
	<健康・生活>	【健康】 ・レティナカニューレ、人工鼻を使用しており、看護師が気切孔からの痰吸引を行っている。痰がたまった際は本児から先生に「とって」と訴えることができている。また、咳払いを促すことで気切孔から喀痰ができる。 ・感染予防対策として手洗いの徹底、手指の消毒を行っている。 【食事】 ・大きなものを一口大にすることで、持ち方をトレーニングできる箸を使用して食べることができている。 ・苦手なものも、励ましや勇気づけの言葉かけによって食べることができる。 ・食べる量も増えてきており、おかわりをすることもある。 【排泄】 ・パンツで過ごしており、定時誘導でトイレで排尿することができている。 【更衣】 ・制服のボタンを自分で外すことができる。 ・スモックは、首や腕を通す所を先生と一緒に確認することで着ることができる。	【健康】 ・現在は感染予防対策のため、気切孔からの喀痰はせず、看護師がフェイスシールド、ガウン着用のもと痰吸引を行っている。 【食事】 ・大きな食べ物も、かじり取って食べることができている。 ・苦手な食べ物は、先生の言葉かけがなくても自ら食べることができる。 【更衣】 ・スモックはひとりで着ることができるが、時折前後が反対になっていることがあるため、先生と一緒に確認している。 ・肌着は前の部分をしまうことができる。
	<運動・感覚>	・励ましや勇気づけを行うことで、様々な固定遊具に取り組むことができている。 ・はんとう棒は、職員が棒への乗り移りを手伝うことで、ひとりで降りることができる。 ・うんていに10秒ほどぶら下がることができる。 ・平均台は、先生と片手を繋ぐことで、足を交互に出して渡ることができる。 ・糊を使った製作活動や、スライム遊びを楽しむことができる。	・積極的に固定遊具に取り組み、身体を動かす姿が見られる。 ・ホールのでこぼこの平均台やシーソー状の平均台は、ひとりで渡ることができる。 ・三角ジムの中を、一度も地面に足を着けずに渡ることができる。
	<認知・行動>	・来所後の準備は、先生が「次は何を出すのかな？」などと言葉かけを行うことで、自分で考えて取り組むことができる。 ・友だちや職員の顔と名前を覚えている。 ・ままごとなどのごっこ遊びを楽しむ様子が見られる。 ・マッチング遊びや5ピースパズルを行うことができる。 ・様々な玩具を組み合わせて、観覧車などに見立てることができる。	・来所後の準備、給食やおやつの準備は、先生が言葉かけを行わなくてもひとりで取り組むことができる。 ・パズルは、ピースに描かれている絵の一部や色から、何のキャラクターかを判断してはめることができる。

西那須野幼稚園と類似した項目内容

（裏面）

		現在の様子	モニタリング（振り返り）
	<コミュニケーション>	・マカトンサインやジェスチャー、舌で音を出すなどして、自分の気持ちや経験した事を伝える様子や、友だちや先生とやり取りをする様子が見られている。 ・スタイのホックが留められない時や、お菓子の袋が開けられない時など、自分から先生に「やって」と伝えることができる。 ・言葉の見本を示すことで復唱して伝えることができる。先生が口形をはっきり示すことで、口の動かし方を意識しながら伝えることができる。	・給食の配膳時、苦手な物があると、自ら言葉やサインで「ちょっと」と食べる量を伝えることができる。 ・「トイレに行きたい」「水が飲みたい」など、気持ちを先生にサインで伝えてから行動する様子が見られている。
	<人間性・社会性>	・新しい環境に慣れることで、自ら友だちや先生とかかわる姿が見られている。 ・おやつの当番活動など、積極的に取り組む様子が見られている。 ・遊び時やおやつを食べる時に、自分から友だちを誘い、一緒に過ごす様子が見られている。 ・戸外遊びに行く時など、友だちと手を繋いで移動することができている。	・交友関係が広がり、様々な友だちとかかわる姿が見られている。 ・友だちの遊びに興味をもち、交ざろうとする様子が見られ、先生の促しにより「交ぜて」と伝えることができる。

総合的な支援の方針		遊びや活動を通してたくさんの経験を積み重ね、達成感や自信に繋がるよう支援する	
	目標	具体的な支援・指導方法	振り返り（モニタリング）
1	遊びや活動を通して、友だちとのかかわりを深める	・遊びや生活の中でたくさんの言葉に触れ、言葉でのやり取りをする経験を増やす。 ・職員も遊びに交ざり、みんなで遊ぶ楽しさを感じることや、「楽しい」「うれしい」などの気持ちを友だちと共有できるよう導く。 ・友だちとかかわる様子を見守り、状況に応じて友だちとのかかわり方の見本を具体的に伝える。 ・友だち同士の言葉のやりとりが難しい時には、本児や友だちの気持ちを代弁することで、お互いの気持ちを理解することができるよう導く。 ・STによる個別指導を実施し、職員間で情報共有を行い、日々の生活の中で活かす。	交友関係が広がり、様々な友だちとかかわる姿が見られています。友だちが行っている遊びに交ざりたい時に、なかなか自分から声をかけるのが難しい場面も見られていますが、職員が「交ぜてって言うんだよ」と促すことで、友だちに伝えることができています。 今後も目標を継続し、友だちとのかかわりを見守りながら、言葉のやりとりや気持ちの伝え方の見本を示し、かかわりを深めていくことができるよう導いていきます。
2	自分でできることを増やす	・「自分でできた」の経験を増やしていけるよう、必要な時には環境調整や操作方法の工夫を行う。 ・取り組んだ過程や自分で行おうとする気持ちを承認し、達成感や意欲に繋げる。 ・固定遊具に取り組みながら様々な身体の動かし方を経験することで、自分で身体をコントロールする力をつけていけるよう導く。 ・OTと連携し、身体の使い方や道具の操作方法を知ることができるよう導く。	活動の準備を自分で考えて取り組む様子や、気持ちを言葉やサインで伝える様子が見られています。様々な固定遊具に積極的に取り組む姿が見られており、少しずつ身体の使い方も上手になってきました。 今後も目標を継続し、遊びや生活の中で自分でできたことを認め、達成感や意欲に繋げながら、自信をもって取り組むことができるよう導いていきます。
3	体調管理を行いながら元気に過ごす	・職員全員が本児の視診を行い、体調の変化を見逃さず、早期に対応していく。 ・自力での痰の喀出を促す。 ・痰の自己喀出ができない場合は看護師が吸引を行う。	現在は感染予防対策のため、自己喀痰は行わずに看護師が痰吸引を行っています。今後も目標を継続し、視診や感染予防など体調管理を行っていきます。

保護者同意署名欄：　　　　　　　　　㊞

＊マカトン…言語やコミュニケーションに困難のある人々のためにイギリスで開発された言語指導法。話し言葉とともにサインやシンボルを組み合わせて提示。
＊カニューレ…気管切開患者が外科的気道確保のために用いる「管」。

（4）専門機関と連携して計画を検討

　年に1、2回程度、同法人が運営する**児童発達支援センター「シャローム」**と連携して、互いの計画書を共有しながら情報や意見交換をする機会を設けています。現在の**幼稚園**の「**個別指導計画**」と「**シャローム**」の「**個別支援計画**」には、図3と図4に示す通り、共通している項目があります。「**シャローム**」が「**個別支援計画**」の形式を決定する際、国が提案するもののほか、様々なものを検討した結果、**幼稚園**の「**個別指導計画**」がもっとも子どもたちの成長に寄り添ったものであると考え、現在の形式になりました。このような形式を採用したことで、幼稚園との比較や共通理解がしやすい環境となっています。

 園からの学び

「分かち合いノート」で育んだ保護者との関係

　西那須野幼稚園には、保護者の願いを汲み取りながら保育を生み出す活動の1つとして、「**分かち合いノート**」があります。特別支援教育が必要な子どもの保護者たちとのおしゃべりの中から、「保育者や保護者同士で、今の悩みや興味のあるものを出し合える場があれば、親子共々、園での生活または日々の生活を充実したものにできるのでは？」という意見から生み出された、長年続く活動だそうです。このノートには、日々わが子と向き合い、子育てに奮闘し、喜びや苦しみ、つらさ、悩みなど、抱える思いや日頃の保育者への感謝の思い、親子の体験記など数多くの文章が綴られています。ここには、「どんな小さな声も聴き落とさない」という園のポリシーと、保護者同士が互いにエンパワーメントされている姿を感じずにはいられません。

　理事長・園長の福本先生は、いつも当事者である人たちの状況に寄り添って考え、取り組むために、私たちは、現在何ができるのかということを熱く語られています。また、その語りは、常に実現へとつながっている計画であり、その計画を実現させていく道を、園の職員を中心とした地域の関係者と共に語らいながら歩んでいるともおっしゃっています。だからこそ、ここで述べてきた園のすべての取り組みは、当事者同士の対話が欠かせないものでありました。そこで生み出される一人ひとりの声から目標を見出し、どんな人にも居場所と役割があることを実感し、人と人が結び付きながらコミュニティー・インクルージョンを構築していることがわかりました。

図5）「分かち合いノート」

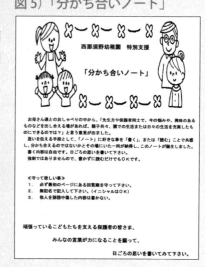

子どもと家庭に寄り添う保育

社会福祉法人みなと福祉会　港川保育園

園長：長嶺久美子先生

園データ
所在地：沖縄県島尻郡八重瀬町字港川95
園児数：0歳児12人、1歳児18人、2歳児18人、3歳児18人、4歳児12人、5歳児12人
園　長：長嶺久美子

執筆：市川奈緒子

ここに注目

- 成人期まで見通した子ども支援と家族支援
- 園づくりだけではなく、インクルーシブな地域づくり
- 園を中心に地域の関連機関と信頼関係を構築

園のあゆみと特色

港川保育園は、1979年に設立された40年以上の歴史ある保育園です。港川保育園のある八重瀬町では、いわゆる障害児の保育園受け入れが1991年に始まり、港川保育園では最初の年度より障害のある子どもを受け入れ、その後のあゆみの中で、保育園を中心とした、子どもと家族を支える地域づくりを先導してきました。

歩いて10分ほどで子どもたちの大好きな海がある

実践の様子

1. 港川保育園の「個別支援計画」の成り立ち

港川保育園が八重瀬町の障害児保育の始まり時に受け入れた子どもは、二分脊椎症をもち導尿を必要としていました。いわゆる医療的ケアを必要とする子どもです。園では、そ

の子どもの保育のための保育者の配置を行政に求め、加配保育者が配置されましたが、何から何まで手探り状態での始まりでした。

当時の『保育所保育指針』には「**個別支援計画**」の記載はありませんでしたが、スタート時からその子どもの記録を個別に取って、ほかの職員とも園内会議で共有するという体制を取っていました。しかし、どうしても園内だけでは解決できない課題が出てきたため、行政に月1回の療育の専門家による巡回指導を要請し、それが1993年から実施されるようになりました。

月1回の巡回指導の時には全職員がそこに出席できるように体制を組んだため、職員と巡回相談員が共有できるような個別の記録をまとめたものを用意していました。今の姿と次月のねらいといった簡単な支援計画も作成していましたが、フォーマットは決まっておらず、担当者に任されていました。

そのため、港川保育園での「**個別支援計画**」の始まりは、「作成すべきというルールがあるから」ではなく、その子どものことを園全体で共有するため、そして外部の専門家と適切な連携をするための独自なものでした。

2. 園全体で的確に共有するための「個別支援計画」

現在、八重瀬町のどの園でも「**個別支援計画**」は支援を受けている子ども全員のものを、町で指定されているフォーマット（図1・2）をもとに作成するようになっています。

年度の最初に行政のフォーマットで作成したものを、保護者と園の巡回指導を担っている心理士に確認してもらって、保護者のサインをもらい、それをもとに毎月計画を立てていきます。そして、年

図1）特別支援保育個別支援計画書

度の最後にも行政のフォーマットで最終評価を作成し、保護者と心理士と一緒に振り返りを行って、保護者のサインをもらうという形になっています。つまり、「個別支援計画」の作成と振り返りを、心理士との協働で行っています。

町の常勤職員である心理士は、現在2名います。この配置も、町の園長会で行政に要請したそうです。常勤職員であることから、それぞれの園の要請に応じて、その都度日程調整をして園を訪問する体制が維持できており、園にとっては大きな安心につながっています。

図2）特別支援保育個別支援報告書

様式第4号(第9条関係)

　　　　　　　　　　　　年　　月作成
作成者：

令和3年度　特別支援保育個別支援報告書

保育園　　歳児　　組
加配対象児童氏名：
担任：
加配担当：

項目	1年間の様子	支援方法

□　年度はじめの様子と現在の様子	□　対応の中で気をつけたこと
□　上手くいった関わり	□　本人の成長したところ
□　次年度への課題	□　特記事項

署名日		保護者の署名	

保育園と療育機関を併用する子どもがいる場合には、療育機関から2か月に1度担当者が来園し、その子どもの状況を共有するモニタリング会議が開催されます。この会議には、必要に応じて、また希望があれば、保護者が参加することもできます。

毎月の「個別支援計画」は、あくまでもその子どもの現在の状況と支援のニーズを園全体で共有し、どの保育者でも適切な保育・対応ができるためのもので、どの項目も同じ重みで書くということはありません。特に園全体に伝えたいエピソードを、写真と文章を付けて計画の中に入れていきます。これは「この子の遊びやかかわりが変わった（成長した）瞬間」というところを切り取り、どの保育者も同じ視点でかかわってほしいという願いのもと記入します。

園内の研究会では、さらに、担任保育者が複数でほかの保育者に伝えたい保育場面を、演技で再現して伝えます。この「再現」が、子どもの変わる瞬間をいちばん表現していると園長の長嶺先生はおっしゃいます。

3. アプローチカリキュラムに伴う「個別支援計画」

　八重瀬町は数年前から、アプローチカリキュラムとスタートプログラムを、保育関係者と学校関係者が共に学び合いながら追究し、作成してきました。それに伴って、5歳児の発達支援認定児の「個別支援計画」は、育てたい10の姿に照らし合わせて項目を立て直しました。そして、「社会生活とのかかわり」「協同性」「文字、数字への関心」という3つの項目を重点とすることとなりました（図3）。

　これを始めてから、その子どもの強いところと弱いところが一目瞭然となるだけではなく、就学後の姿を想定し、どのような場面でどのように力を発揮できそうか、または困り感はないかという見通しを立てながら、保育を組み立てることができるようになりました。

　また、そうした見通しを、保護者と共有できるようにもなってきました。

　園の中では、5歳児クラスの10月以降は、アプローチカリキュラムを意識した保育計画を立てているため、5歳児の認定児は、アプローチカリキュラムに支えられながら、さらに10の姿を意識した「個別支援計画」で、綿密に就学までの保育支援を受けられます。このような八重瀬町の取り組みで、認定児は、保育者と学校関係者の

図3）5歳児の個別支援計画

令和3年度　10月個別支援計画　　　　　　　　　　令和3年9月29日作成
港川保育園　5歳児　　園児名 ■■■　　　　　　　加配担当者：●●●●　担任：●●●●

10月の目標	概況（子どもの実態・保護者の要望 等）
○友だちとかかわりながら工夫して遊ぶ ・仲間に認めてもらいたい気持ちをくみ取りながら苦手なことにもみんなと一緒に挑戦するきっかけをつくる。 ○8時登園のリズムをつける ・家庭と連携し、就学を意識して、登園がスムーズにできるようにする。	縄跳び、ドッジボールを楽しんでいる。始めは●●先生の裾を掴んで参加していたが「先生のかげに隠れるのはだめ！」というルールを子どもたちで決めた。本児も納得し子どもたちだけで楽しむようになった。みかん組（3歳児）が加わると「線から入るな」とルールを教えようとする姿がある。 ・10月より8：00〜16：00の短時間保育枠で登園する。 保育時間A希望（7：30〜15：30）だったが、就学前という事情を八重瀬町に伝え、■■に合わせて特別時間枠を調整した。 父親に伝えたが母親には伝わらず。連絡を両親で共有できたか確認必要。

	子どもの姿	支援方法
社会生活とのかかわり	お月見会 ○夕方のお月見会のために「デカデカ団子」と名前を付けながらお団子を作り、ゆであがった団子の中に「■■のがない」と泣く。「デカデカ団子はこれだよ」と団子を渡すと納得してはいないが泣き止んで食べている。	・見た目には同じに見える団子の中に「■■のがない」と泣きだし、みたらし団子を作り、夕方の月見会に備えようとする作業の一連の流れを止めてしまう。周囲も「なんで泣く？」と早く作業を進めたい様子。友だちに助けられて折り合いをつけることを経験させたほうが良かったのか。「言葉で気持ちを表現する」よう保育者が手助けしたほうが良かったのか。似たような場面で保育者がどう関わるのか、担任と連携していきたい。
協同性	○ドッジボールを楽しむ。異年齢では嫌がっていたがルールを守れない子がいても許容し一緒に遊べるようになった。	・「みかん組は線からはみ出るから入れない」と言っていたが、▲▲（3歳児）に合わせて、どこまでも逃げて行く▲▲をどこまでも追いかけて当てるというルールに変えた。ルールの理解ができない3歳児には教えたり、▲▲に合わせてルールを変えるなど、許容し、一緒に遊ぶ姿に成長を感じた。ドッジボールにかける熱量が変化している。5歳児同士だと負けたくない気持ちと楽しい気持ちで遊びが継続している。なぜかドッジボールになると強さの象徴？　のように上着を脱ぐだが、■■はやらない。
文字、数字への関心	○月見団子を一つひとつ丁寧に作る。見本通りの大きさに作り、褒められて得意な顔をしている。 ○給食の枝豆の容器に「大人10/子ども5」と表示されていた。■■は10個取り、「子どもは5個だよ」と言われ、表示を確かめて「まちがえた」と5個戻している。	・たくさんの団子の中から6個取り出して個別のみたらし用の容器に移している。 ・数を数えたり、合わせたり、分けたり引き算ができる姿に驚いた。10以上の数量概念もできあがり、数を考えたり、操作したりを楽しんでいる。

「社会生活とのかかわり」「協同性」「文字、数字への関心」に特化した項目が設けられ、特に共有すべき重要な子どもの姿を写真で表している。

よりよい連携の中、就学に至るわけです。

　以前、保育と学校との連携があまり進んでいなかった時には、保育者は卒園時にその子どものできていない部分が気になって、この子を学校がどのように迎えてくれるのか、不安の中で送り出すことになり、それが多かれ少なかれ、保育者にプレッシャーを与えていました。現在では双方向の理解と連携ができ、送り出す時に「この子のよいところを、学校の先生方にはきっと理解していただける。この子はきっと学校を楽しめる」と思って送り出せるようになったと長嶺先生はおっしゃいます。また、就学した子どもの姿に学校の先生が不安を感じた時に、園に問い合わせをしてくれるようにもなりました。保育者と学校の教員が、共に子どもを教え育てる専門家として理解し、リスペクトし合える関係性が築けていることを感じます。

4. 保護者支援の一環としての「個別支援計画」

　「個別支援計画」を作成する年度の4月1日に、加配保育者が保護者と面談し、保護者が気になっていることや、この1年間で希望することなどを聞き取り、園が1年間の目標にしたいことの説明も行います。つまり、「**個別支援計画**」の作成は、保護者との連携からスタートするわけです。

　認定児の保護者は園が誘う形で「ペアレントトレーニング」のメンバーにもなるため、そこでも加配保育者が入って、県の委託を受けたNPO法人わくわくの会が設置している「さぽーとせんたーi」の所長を交えながら、普段の生活の中での保護者の困り感を聞き取って、園での対応を具体的に伝えていきます。そうした細やかな情報交換や保護者の思いの聞き取りが、それぞれの家庭の思いや願いに対する理解を深め、さらに子ども理解に活かされていき、子どもと家庭に寄り添った保育にもつながっていくのだろうと感じます。

　そのため、毎月作成している「**個別支援計画**」は保護者に渡すわけではなくても、その内容を必要に応じて保護者に伝え、保護者が要望すれば渡して読んでもらうように活用されています。

　保護者の中には、就学の相談や手続きなどで必要かつ有用なほかの機関の存在を知らない人も少なくなく、また、家庭によっては、悩みごとが子どもの発達や就学だけではなく、多岐にわたります。そうした時に、専門家同士が有機的につながっている地域のよさを活かしながら、家庭と保護者の状況を丁寧に聞き取り、必要な支援や機関につないでいます。長嶺先生は「子どもと家庭に寄り添うことで、ここが安心して暮らせる場所になる」とおっしゃっていました。

保護者へのドキュメンテーションの発信。海と子どもたちの物語

現在の八重瀬町のシステム

　八重瀬町の発達支援・家族支援のシステムを簡単に図示化したものを、長嶺先生にお示しいただきました（図4）。図の中の「ペアレントトレーニング」は、「さぽーとせんたーi」で行っているもので、「さぽーとせんたーi」の所長が月に2回、港川保育園に来て、保護者向けの「ペアレントトレーニング」プログラムを実施するほか、子どもの発達に悩む保護者の各種の相談にのったり、園へのアドバイスを行ったりするなど、様々な協働の形がそこにもあります。

図4）八重瀬町の発達支援・家族支援のシステム

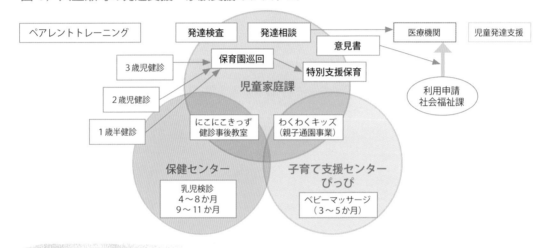

🕊️ 園からの学び

小学校だけでなく、その先も見据えたサポート

　港川保育園には、「20歳のお祝い」という行事があります。20歳になった卒園児が保育園に集まって、みんなでごはんを食べながら共に成人のお祝いをします。大きくなってほかの地域に出ていった卒園児たちも、1月のこの時期には故郷に帰ってくることから、この時期に行われるようになりました。集まってくる卒園児の中には、もちろん障害のある人もいます。でも、乳幼児期を一緒に過ごし、育った仲間同士の関係性が変わらずそこにはあるそうです。

　港川保育園の保育には、小学校だけではなく、その先も見据えて、子どもと家族が地域で必要な支援を受けながら、楽しく自立して生きていけるように、という願いが込められています。そのために、子どもを育て、家族をサポートし、そして一方では地域そのものにも働きかけて、子どもと家族が生きていきやすいような地域づくりを行う、そうした双方向的なサポーターとして、そして、子どもと家族の地域のふるさととして、港川保育園はあり続けるのだろうと感じます。

第2章

座談会

「子ども一人ひとりが かがやく」ために、 保育者にできること

　第1章では、各園の実践事例と併せて、それぞれの園が、子ども一人ひとりの育ちをどのように見ているのか、その方法を中心に教えていただきました。この第2章では、「『子ども一人ひとりがかがやく』ために、保育者にできること」と題し、座談会を開催しました。第1章でお伝えすることができなかった、子どもたちとのエピソードや、保護者とのかかわり、保育者の気持ちの面などについてお話をうかがいました。「インクルーシブ保育」の理解を一層深めるためのきっかけが見えてきます。

座談会 「子ども一人ひとりが
かがやく」ために、
保育者にできること

仲本美央先生、市川奈緒子先生をコーディネーターとして、第1章で事例をご提供いただきました、長嶺久美子先生（沖縄県・港川保育園）、横山正見先生（神奈川県・長谷幼稚園）、瀬山さと子先生（神奈川県・うーたん保育園）にお話をうかがいます。（座談会では敬称略）
2022年3月にオンラインで開催

コーディネーター　仲本美央（白梅学園大学）　市川奈緒子（白梅学園大学）

参加者

長嶺久美子先生
（沖縄県・社会福祉法人みなと福祉会
港川保育園　園長）

「子どもが主体ってどんなこと？」「子どもの思いや願いを叶えるために必要なことは何？」。子どもからの問い、保育者間の問い、保護者と子どもの問い、いろんな問いに向き合うことで生まれる新たな感覚を大事にしている。

横山正見先生
（神奈川県・学校法人朗峰学園
長谷幼稚園　主事）

沖縄大学、東京都立大学で障害のある学生の支援や教育研究活動にかかわり、現在は長谷幼稚園主事、光則寺住職を務める。皆が共に育つ保育はいかにして実現できるのか、日々、試行錯誤している。

瀬山さと子先生
（神奈川県・社会福祉法人翔の会
うーたん保育園　園長）

東京都の公立保育園で30年勤務後、うーたん保育園に来て10年目、園長として9年目を迎える。自分自身への信頼感をもち、自分も人も大切に思い、様々な人と共に生きていける園であることを願っている。

子どもの育ちや、
その育ちを支えるうえでの悩み

仲本：座談会のテーマを「『子ども一人ひとりがかがやく』ために、保育者にできること」としました。第1章では紹介しきれなかった園での実際の保育の様子など、お話をお聞かせいただきたいと思います。

では、現在、取り組まれているインクルーシブ保育の中での子どもの育ちや、その育ちを支えるうえで悩まれてきたことなどについてお聞かせください。

長嶺：まず、障害児保育を始めたきっかけをお話ししたいと思います。当園は、当時の保健師から「二分脊椎の2歳の子どもがいるのだけれど、園に入れてもら

えないかしら？」という相談があったのがきっかけでした。職員は、障害児保育の概念もなく、園で何ができるのか不安はありつつも、なんとかしようという思いで受け入れました。

今でいう医療的ケア児ですが、入園３か月ほどでその子はほかの病気で病院に入院することになりました。３か月ほどの期間ではありましたが、私たちは「何もできなかった」という思いに駆られ、かなり落ち込みました。そして、受け入れるのならしっかりと勉強しなければと考えはじめた矢先、今度は、ダウン症のお子さんの受け入れの話がありました。

その時は、専門家、その子が通っている療育機関、母親など、とにかく藁にもすがる思いでいろいろなところから情報を集め、必要になる園の体制をつくっていきました。その１年後、園の近くに目が見えないお子さんがいるという話が耳に入ってきました。このお子さんには、当園の保育者が「園に遊びにきませんか」と声をかけていたようで、その後、保護者の了解もあり、園で受け入れることになりました。

障害児保育は決して特別な保育じゃない

ダウン症の子Ｓ君と目の見えないＴ君は同い年でした。Ｓ君は、母親から離れるとずっと泣いてばかりいましたが、なぜかＴ君が登園するとお世話をしたがるのです。朝の受け入れは、Ｓ君がＴ君のかばんを持っていくところから始まっていました。こんな２人が日に日に仲よくなり、子ども同士で育ち合う姿に、障害

児保育は決して特別な保育ではないのだと思えました。

現在でも、受け入れに際しては、一人ひとり、個別の育ちに焦点を当てることを大事にして、保護者の思い、子どもの理解にはかなりの時間をかけるようにしています。この点は未だに未熟さを感じている部分です。

また、担当者でなければ感じ得ないもどかしさ、悩み、保護者との関係性のつくり方などを職員みんなで共有できるようになるまでにはかなりの長い時間がかかりました。そのことから、保育を共有するためには指導計画が重要になることを実感しました。

困ったらいつでも、みんなで考えよう

そのほか、保護者の中には、自分の子どもの困り感を表現するのにふさわしい言葉をもてていないことから、悩みを表現できず、なかなか相談できないというようなこともあります。そんな時には、ペアレントトレーニングに積極的にお誘いするようにしています。お母さん自身の自己肯定感は子どもの発達と連動しています。母親の自己肯定感が高まると、子どもの自己肯定感も高まっていくというのは実感としてあります。そのため、保護者の支援もしながら、家庭まるごと支援していくということもあります。

ここ数年で、巡回指導の仕組みなど、困った時にはいつでも相談できる行政の支援体制が、子ども・保護者・保育者の安心につながっています。

そもそも、当園のある地域は、異なる

背景をもついろいろな人が生活している地域です。ネグレクトや貧困などの問題もありました。そんな中で私たちは、人はそれぞれ違うということを当たり前のこととして受け入れ、協力してきました。ですから、同じ地域の子どもが困っていたら、いつでもみんなで考えるということが身に付いてしまっているので、私自身、改めてインクルーシブと言われても、その概念をよく理解できていないかもしれないと思うことはありますね。

仲本：では、横山先生お願いします。

横山：長谷幼稚園は 1952 年に開園し、当初はお寺の境内にありました。お寺の幼稚園ですので、仏教の考えをベースにしています。特に法華経というお経にある、だれもが仏の心をもっているという「衣裏繋珠」の教えを大切にしています。これは、どんな子も素晴らしい宝物を秘めているということと、子どもは環境によってその姿が大きく変わる、という子ども観につながります。

　1981 年に東京の障害児者施設で長年働いていた私の父親が園に戻り、どんな子どもも受け入れられる園にしよう

と、保育内容を少しずつ変えてきました。1990 年代中頃から終わりぐらいに、親や保育者など、大人が与える課題をできるようにする保育ではなく、子どもが子どもとして存在できる保育をしようと明確に打ち出し、現在のスタイルとなりました。一律に子どもたちに課題を与えることはせず、保育内容をかなり柔軟なものにしたのです。

　課題を明確にすると、どうしてもできる子とできない子が出てきてしまいます。そこで、達成度を見るような保育ではなくて、その過程やその日のその子の様子を大切にする保育を心がけたのです。併せて、子ども同士のかかわりも重視するようにしました。

　父親が、当時でいう特殊教育を専攻していたことや、親の会と障害児者施設を立ち上げて働いていたこともあり、障害のある子の保育を意識する部分はあったと思いますが、障害児を対象にした保育ではなく、あらゆる子どもがいきいきと過ごせる保育を志向しました。

療育の考え方を
どのように見るのか

　近年、父親がよく言っていたのは、いわゆる療育とのバランスです。障害のある子どもの対応において、療育的な考え方が強くなってきています。園として、その療育の考え方をどのように見るのか。

　様々な意見はあると思いますが、療育的なアプローチは当園ではやらないということは明確にしていました。一方で、

保護者の中には療育的なかかわりを求める方もいらっしゃいます。これは、その後の受け入れの中での悩みにもつながっていくのですが、そういった要望を園としてどのように考えていくのかが、今、園の課題だと思っています。

私は長年、大学で障害のある学生のサポート、教育活動、研究活動にかかわってきました。障害者権利条約から障害者差別解消法が始まり、合理的配慮の提供が義務として考えられるようになりました。これはとても素晴らしいことですけれど、もう一歩考えなくてはならないと思っています。合理的配慮とは、個別の対応です。私としては、個別の対応が進んでいく中で個別の対応と全体の調整をいかにしていくか、全体に還元していくのかというのがこれからの課題だと思っています。

仲本：今、お話しいただきました中で、特に悩まれていることはどういうところですか？

横山：いろいろあるのですが、療育とのかねあいでしょうか。

入園を希望される方には、園は療育の場ではないですよとお伝えします。そして、お子さんが生活できそうか、また、お子さんをここで生活させたいか、保護者の考えやご希望をうかがうためにも、何度か園に来ていただいて、実際に子どもたちの生活の様子を見ていただきながら、園の考えをお伝えしていきます。

10年ぐらい前までは、療育と園と両立は少し難しいので、どちらかを選ばれたほうがいいとお伝えしていたんです。近年は、在園時間中の空いている時に療育に通われる方も多くいらっしゃいます。

子どもの年齢が上がるにつれ、ほかの子どもとの違いが出てくることで保護者の方に不安が生じてくることもあるでしょう。園の中でも療育のようなかかわりをしてほしいというご希望が出てきます。その時は、園の考え方を伝えつつも、どの程度であればご希望を受け入れられるのか、変更可能なところと変更できないところを考えます。実際、療育的なかかわりをしたほうが、目に見えて何かができるようになるという面もあるので、保護者の方に園の考えを伝えるのが容易ではない部分はあります。

しかし、療育とは異なる場所で、時間をかけて子ども同士の世界の中で育つものがあるということを、はっきりと伝えるようにしています。もしその中で、子どもの個別の困りごとに対応できていないのであれば、それは考えなければいけません。でも、園という場はみんなで育つ場所だというところは、常に考え方のベースに置いておきたいのです。

仲本：子ども同士の育ち合いについて、横山先生、長嶺先生のお話に相通じるものがありますね。また、保護者と互いに育ち合う姿についても伝わってきます。

みんなが慣れていくことの大切さ

仲本：瀬山先生はいかがですか。

瀬山：うーたん保育園は2012年7月に開園しました。複合施設になっていて、保育園のある1階には、児童発達支援センターや重度の障害がある成人の方の生活介護施設があります。園と児童発達支援センターとはパーテーション1つで仕切られていて、職員は同じスタッフルームを使うので、ほぼ一緒に生活している感覚があります。

うーたん保育園は開園10年ですが、開園と同時に障害のあるお子さんを受け入れてきました。入園を希望されればお断りする理由がないので受け入れていったところ、看板を出しているわけではないのに、障害のあるお子さんをおもちの保護者のネットワークなどで、自然と当園の名前があがるようになっているようです。現在、医療的ケアが必要な重いてんかん、脳性まひ、言葉のコミュニケーションが難しいお子さん、肢体不自由のお子さんも受け入れています。希望者数が多くなったことを受け、職員たちから提案があり、幼児クラスのうち1室を重度の医療的ケア児のための部屋にして3年目になります。

喀痰吸引の資格を
保育者も自主的に取得

以前当園に、日常的に医療的に痰の吸引が必要な子どもがいました。ある時、看護師の不在日と園行事である芋掘りの予定が重なってしまいました。看護師がいなければ、緊急処置ができないのでその子は連れて行けない。さて、どうする？といった事態になったことがありました。その時は様々な工夫でどうにか乗り切ったのですが、それを機に、その子の生活をすべて保障していけるよう、「喀痰吸引」の資格を取ることにしました。まず、私と主任が取ったところ、現場の保育者たちも進んで取るようになり、6名が資格を所持しました。

これまで、まず目の前で起きたことを受け止め、その後、それに対応するための環境をどうにか用意してきました。はじめから環境が整っていたことは少なく、入園希望の子どもに合わせて何が必要なのかを考え、急いで用意するといった感じです。

そんな状況ではありますが、子どもたちはどの子どもにも同じようにかかわっていきます。当園はどの部屋へも自由に出入りできるようにしていますが、子どもたちは、相手の子どもの様子に合わせすごく上手にかかわっています。例えば、体を動かすことが困難なお子さんの好きなおもちゃがあれば、私たちが気付く前にちゃんと知っていて側にそっと届けてくれたりします。このような子どもたちの振る舞いに助けられている部分は多いです。

また、障害のある子どもをもつ保護者の方には、当園で出会えたというご縁もあり、これまでの子育てをどうしてきたのか、ほかの保護者の方にお話しいただくこともあります。これは、ほかの保護者の心に響くようで、自分の子育てを振り返るきっかけになったという声もよく聞かれます。

あと、隣の児童発達支援センターとは、ケア会議を一緒に行っています。療育と園とでは、お互いの現場を見合って話し合うようにしています。いろいろな方法はありますが、気になることがあれば、その都度時間をかけ、すり合わせていっています。

お子さんと保護者にとって、いちばんよい選択肢を見つけていこうという思いから、日々の保育をしています。

仲本：以前、「うーたん保育園に見学に来られる方は多いけれど、いざ、自分たちの園で取り組もうとなると、尻込みされることが多い」とうかがいました。しかし、瀬山先生の園でも、医療的ケアが必要な子どもたちへの保育においてはいろいろ「壁」のようなものを感じられることがあると思います。そのような「壁」をどのように乗り越えられてきましたか？

瀬山：例えば、入園当初、緊張の度合いが高くて、あちこちを走り回ったり、いろいろなものを投げてしまったり、ほかの子たちに手が出てしまったりといったような子も、これまでに何人も入園されました。でも、そういうお子さんにも

「とってもいやなことあったんだね」「わかるよ」などと声をかけ、抱きしめたりしながら接するうち、私たちは次第に慣れていきます。それと同じことで、どんなに重いと言われる障害があっても医療的ケアが必要なお子さんでも、一緒に過ごすことで自然と距離が縮まり、慣れていくものです。

例えば、てんかん発作があるお子さんであれば、発作の誘因（天気や気候、体調、周りの刺激者・物）を考慮して、避けられるものがあれば実施していこうといったように、その子の様子に合わせて対応を皆で考え、すべての職員に周知していくうち、皆がそのお子さんに慣れていきます。

その場合、担任だけに任せきりにすることがないようには気を付けています。ほかのクラスも同様ですが、医療的ケア児クラスは特に担任だけに任せることより、むしろみんなで楽しさを共有しています。休憩交代に入れるとか、クラスの子どもが少ないからちょっと助けに来たみたいな感じで、みんなで受け入れていくことで、次第に皆がいろいろなことに慣れていくのです。

私たちも慣れていくように、周りの子どもたちもすぐに慣れていきます。そして、困っているようなら助け、いつしか、対等にけんかをするまでになります。

見えてきた、
子どもたちのかがやき

仲本：そういった日頃の先生方の取り組みから見えてきた子どもたちのかがやきや、また、先生ご自身、保育者の喜びと

いったあたりはいかがでしょうか。

長嶺：いろいろな子ども、いろいろな保護者に出会うたび、私の考え方では通用しないなとか、なんでこんなことをずっと考え込んでいたんだろう？　と、自分の保育観や価値観を覆されることがあります。でも、子どもとの対話や、保護者との会話を重ねることでしか、お互いが「ここだよね」と共感できるところにたどりつけません。

　保育者も保護者も「ここまで成長してよかった」と言いますが、子どもは皆、「明日こうなりたい」といったことをどんどん言ってくれる。子どもから希望が出てくる時が、保育者としてうれしい時で、子どもがかがやいていると思える時です。また、子どもの変化が見える喜びもありますが、それは、実際に見て、感じている人にしかわからないものだろうとも思います。

横山：子どもも変わっていくし、保護者、保育者も変わる。そして、気がつけば園全体が変わっていくということもあるのです。それは、その時にはわからないけど、数年後、振り返ってみると、受け入れたことでその子が変わったのだな、いやむしろ、変わったのはこちらだったのかもしれないということが見えてくるのです。これは意義深いことです。もちろん我々の変化もすべて、「子どものため」につながっていくものだと思います。

　あらゆる子どもの保育に対して言えることですが、その子の豊かな成長を支えようとすれば、私たちの保育の幅は広

り、必然的に我々の保育や我々の問題を問い直す機会に出くわすのです。

　そこから考えていくと、個別のことは必ず全体につながっていくものであって、それは園の保育の変化につながるし、大げさな言い方かもしれないですが、社会変革といった全体の変化にもつながっていくように思います。

　もし、全体が変わっていっていないのであれば、その場では対応できていても、何かがうまくつながっていないことになり、どこかに問題があるのかもしれません。そこは検討していったほうがいい部分になるのだと思います。

1人の障害のある子どもの保育をめぐる、映像撮影から見えてきたこと

　具体的なことで言えば、昨年、障害のある子どもの保育を保育者全員で考えようということで話し合った中で、映像を撮ることになりました。障害のある子の様子を撮って、保育者がどのようにかかわっているのか、保育者のかかわりに焦点を当てて撮影し、保育時間が終わった後、みんなで見直し、話し合いました。

　自分の保育がみんなに知られることになるので、ある意味、保育者にとっては怖いことでもあるわけです。そのため、保育者に事前に了解を取りました。すると、私たちはお互いがだめなところを指摘し合うためではなく、お互いの保育を高め合うために映像を撮るわけなのでぜひやりたいという話が、保育者から出てきました。これはすごくいい関係だなと思いました。

映像では、お互いには全然知らない、各保育者のかかわりが見えてきました。担任以外もかかわりながら、とてもいい形で連携がとれていることもわかりました。一方、ここはかかわったほうがいいのか、それともちょっと待ったほうがいいのか、保育者がためらっている様子なども見えました。当事者に尋ねると、「私、どうかかわっていいのか、わからなかったんです」といったことも聞かれました。みんなの保育観の違いも見え、とてもいい機会になったのです。1人の子どもに対する保育の見直しが目的でしたが、保育者同士の個人の振り返りにもなり、長谷幼稚園がどういう保育を目指していくか、みんなで振り返るきっかけにもなりました。連携し、みんなでかかわっていくことが大切だと、改めて思いました。

瀬山：先ほども少しお話ししましたが、子どもたちの力を感じた時ですね。子どもは、重いと言われる障害のあるお子さんについても、表情や目線などちょっとしたことから心の機微を理解します。その力は私たち以上かもしれません。

当園では、重いと言われる障害のお子さんは、普段生活する部屋は別ですが、園行事や遠足、イベントなどは全部、該当年齢の子どもたちと必ず一緒に過ごすようにしています。特に、年長になればいろんなイベントがあるので、一緒に過ごすことがとても多くなるのです。

年長児に1人、とてもデリケートなお子さんがいました。自分の気持ちを表現するのが苦手で、特に進級時など、気持ちがザワザワして、その気持ちを保育者にうまく伝えられず、その場で大声を出してしまったりします。

でも、その子は、同じ年長であるてんかんのお子さんＡ君（胃ろうで、寝て過ごすことが多い）とは、すごくつながれたのです。気持ちが不安定になるその子がＡ君のそばに行くと、頭をなでたり触ったりして、癒やされている姿を見せるのです。Ａ君も、その子が近づいて来ると目がかがやきます。お互いに癒やされている関係なのです。よく見ると、ほかの年長の子どもたちも、Ａ君がいると、鼻を軽くつまんでみたりしながらかかわり、心が穏やかになっていく様子が見えました。

その姿を見ていると、私たちは、Ａ君がここに来てくれた意味はこういうことなのかもしれないというようにも思えたのです。園に来てくれたおかげで、2人がつながれたのは、双方の保護者もよく知っていて、いつもうちの子のためにありがとうと言われます。お互いがお世話になり、お互いに惹かれ合っている関係

性に気付いてくださって、当園に入園したご縁かなとも思います。

いくつもの子どものかがやきを見せてもらっている

また、子どもの中にはお世話が上手で、看護師の代わりになるような存在になっている子も何人かいます。

その中に、喀痰吸引もできるのではないかというぐらいのお子さんがいるのですが、その子の家庭は、両親、兄共に障害者手帳を持っています。兄は耳が聞こえなくて、ちょっと知的な遅れもある障害をもっています。家族が障害をもっているけれど、もっているからこそ、その子はすごく優しくて、障害のある子のお世話も上手なのです。でも、それだけではなくて、自分の世界もしっかりもっています。いつも遊ぶ友だちもいて、バランスがいいと思っています。お世話するだけなら、その子の世界ができていないのではないかと心配にもなるのですが、そこで満足すると、自分の世界に戻っていくんです。私は子どものたくさんのかがやきを見せてもらっていると思っています。

それは、保育者も同じだと思います。うちの園では、子ども、保護者と同様に、保育者も主体性を大事にしています。そのため、担任もみんなで決めていて、重いと言われる障害をもっている子のクラス担任も希望制です。希望した方に期待を寄せていきたいし、みんなで助けていきたいと思います。前年度に担任した職員が次年度も希望して担任してくれることもあります。その子がどうやって成長

するのかを見通すのが保育者としての喜びになるのかなと思って見ています。

かたわらにいて、認めてくれる人の存在

仲本：ありがとうございます。3人の先生方のお話をうかがっていて、子どもも大人もそうですが、自ら変化に気付き、そこに喜びを感じ、それがかがやきとなって明日への力になっているのかなと感じさせられました。

しかし、自分で自分が変化していることに気付くって、大人になればなるほど実は難しかったりもするのではないかと思うんです。それがなぜ、保育の現場の中で生まれてきているのかと考えると、どの先生方のお話からも、必ずかたわらに認めてくれる人がいるからなのではないかと思いました。

お互いにという思いが常にあるからこそ、自らのことも気付ける。人同士の安心感が根底になければ、自分を見つめる視点を見出していくことは難しいのかもしれないと感じました。本当に貴重なお話をありがとうございました。

市川：本当に、貴重なお話をありがとうございました。この本はもともと、なんとか「インクルーシブ保育」に向けた一歩を踏み出したいと思っている保育者の方々の背中を、どうやったら押せるのかと思い、先生方のお力を最大限にお借りした本です。今日のお話をうかがいながら、読者の皆さんの背中を押せる本になると感じました。本当に感謝いたします。ありがとうございました。

人が育つということの奇跡

はじめに

　私ごとですが、私は長い間いわゆる療育現場で心理士として仕事をし、そこで保育の重要性を身をもって知って、保育者養成の仕事に転身をした人間です。大学教員として仕事をするようになり、保育者を目指す多くの学生と密に交わるようになって、この人たちに大学の4年間で何よりも保育の素晴らしさと重要性、それを担う自分自身への誇りを身に付けてほしいと思うようになりました。

　同時に、大学教員の立場で保育現場に行かせていただきまして、保育を語る多くの先生方に魅了され、保育を目指す学生にはもちろんのことですが、一般の多くの人たちにこの保育者の先生方のお言葉、精神、取り組みを伝えたい、そして保育にもっと目を向けてもらいたいと考えるようになりました。

保育者の「一般には見えにくい」努力とは

　ここで私たちの共同研究「園長はいかに持続可能なインクルーシブ保育を創出しているのか」をご紹介したいと思います。「インクルーシブ保育」に関して先進的なお取り組みをされている12の保育園・幼稚園・こども園の管理職の先生に、「個別指導計画」の作成を中心に「インクルーシブ保育」の成り立ちや現在の取り組み等についてインタビューをしま

した。その結果、以下のようなことが改めて浮き彫りになりました。

①　現在の日本は「インクルーシブ保育」を行うための施策に欠けるため、「インクルーシブ保育」への取り組みは園の財政的困難や保育者の負担の増加につながる傾向が非常に強い。

②　①のことがあるため、「インクルーシブ保育」を始めた園と園長は、そのマイナス点をカバーするための、利用者である親子や一般社会には見えづらい努力をしている。施策そのものを改善するために自治体に働きかける園も多い。

③　園の管理職には多くの努力が求められるが、「インクルーシブ保育」を進めていくうちに、子どもが育ち合っていったり、保護者が変わったり、保育者が成長する等の変化が実感され、それが管理職にとっての大いなるエンパワーメントとなる。

　このようなことを教えてくださった12の園の先生方、そして、その背景におられる全国の「インクルーシブ保育」を努力して進めていかれている多くの園の先生方の姿を、私たちなりに絵にしたものが次ページの図です（研究論文に描いた図をよりわかりやすく改変しました）。「インクルーシブ保育」は望ましい

ものとされ、各地で推進されているものの、そこには様々な困難があり、それを乗り越えるための独創的な（しかし周りからは見えにくい）努力があり、同時にそこには大きな保育者としての喜びがあるのだということがわかりました。

図）園長が持続可能なインクルーシブ保育を実践するプロセス

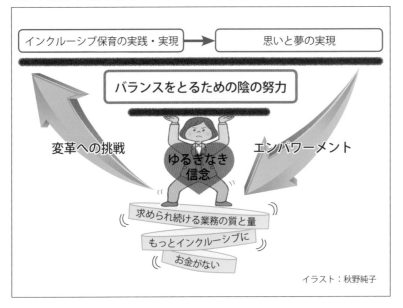

イラスト：秋野純子

先生方のお話から見えてきたもの

　本書は、出会えた多くの先生方のお話を広く伝えたいという思いとともに、保育現場の「個別指導計画」作成のご苦労と作成の指針になるもののニーズの高さを知ったことから企画されました。実際に本という形になり、9人の先生方のお取り組みと、座談会に出てくださった3人の先生方のお話から見えてきたものの1つの側面は、やはり図に表されているような、保育者の、周りからは見えにくい努力や工夫、そして保育の喜びでした。そして、もう1つの側面は、「個別指導

計画」をどう作るか、または作らないのかというのは、とりもなおさず、先生方の子ども観、支援観、障害観、人間観に裏打ちされた「どういう保育をしたいか」を深く追究するものでした。それらは、先生方の生き方に根差すもので、だからこそ一つひとつが貴重で独創的ですが、その底に流れている共通する保育の精神性について、教えていただいたことを述べたいと思います。

　1つ目は協同性、人とのつながりを大切に紡いでいく姿勢です。保育は人の命を預かりながら、その人の人生の土台をつくるお手伝いです。その責任の重大さは計り知れません。ですから、長谷幼稚園では保育者全員で全員の子どもの保育を担います。うーたん保育園では、特養の高齢者の方々も児童発達支援センターの職員や子どもたちも生活介護施設の障害のある人たちも、全員で子どもの育ちにかかわります。港川保育園では、積極的に小学校とつながり、子どもの育ちをつないでいきます。保護者を、頼ってよい町の機関や人たちにつないでいきます。園内の協同性は、地域にも広がり、子どもの育ちを支える仕組みや人をどんどんつなげていきます。そうした中で保育者と子どもも協同しますし、子ども同士も協同し

て育ち合います。子どもたちは地域の大人たちのつながりを感じながら、人と人とのつながりというものを学び、自然と身につけていくことが感じられます。

　2つ目は創造性です。子ども一人ひとり独自な存在ですから、その子どもたちに合わせてその都度保育も新しくつくられていきます。せいしん幼稚園では、子どもの願いに沿った保育で、「この子は歩けないだろう」という専門家の予測を打ち破りました。葛飾こどもの園幼稚園では、自分たちの求める保育を実現するために、何度も何度も飽かず保育を見直し、新しい保育を生み出してきました。風のうた保育園は、つねに新しい知識にアンテナを張り、いち早くICTのソフトを取り入れました。また、保護者とつながるためのユニークなおたよりの充実、保育者同士がコミュニケーションを深めるための「映画部」の創設等、ありとあらゆる面で役に立つことは実施してみるという精神が満ち溢れています。そこには、「これまでと同じことをくり返す」という発想はありません。目の前の子どもにとって最善の、つねに「これまでにはなかった保育」の創造。先生方の創造性は、きっと子どもの中にある創造性と呼応して、子どもを伸びやかに育てていくことでしょう。

　3つ目は進取の精神です。どの園も、「インクルーシブ保育」の条件が整ってから始めたわけではないことに驚かされます。むしろ、条件なり制度というものは、園の実践に引っ張られるようにあとからついてくるもののようです。認定こども園風の丘は、医療的ケアの必要な乳

児の保育は制度としてないものの、一時保育として始めています。愛の園ふちのべこども園は、保育者と共に心理士・保健師が常勤で働ける体制を形づくってきました。そして、西那須野幼稚園は、児童発達支援センターをつくるだけではなく、1つの地方都市がインクルーシブに機能するためのモデルをも立ち上げました。そこにあるのは「条件や制度が整っていないからやらない」という考えではなく、「自分たちの保育を必要としている子どもには保育を提供したい」というお気持ちと、だからこそ「条件が整っていないところでそれをどのように実現するのか」という強い意志です。

　子どもたち一人ひとり、どの子どもにもあるかがやきを見たい、引き出したい、支えたい、そうした思いと力が保育にはあるということを先生方は示してくださいました。

　最後になりましたが、お忙しい中、インタビューや座談会で貴重なお話をおしげもなくお聞かせくださいました先生方と、長年私たちを支えてくださいました、フレーベル館坂井様に心より感謝申し上げます。私たちがどれだけ学ばせていただき、また励ましていただいたか計り知れません。この本が「インクルーシブ保育」にご苦労されている全国の先生方を励ましてくれることを願ってやみません。

桜吹雪の季節に
市川奈緒子

引用文献
市川奈緒子・仲本美央（2021）園長はいかに持続可能なインクルーシブ保育を創出しているのか―保育を支える陰の努力の解明, 質的心理学研究第20号臨時特集,219-226.

[著者]

市川 奈緒子（いちかわ なおこ）

白梅学園大学子ども学部・大学院子ども学研究科教授。児童発達支援センターうめだ・あけぼの学園心理職等を経て、2010年より現職。児童発達支援事業所や保育所、小中学校のコンサルテーションで、現場の教員、保育者と共に学ぶ。『気になる子の本当の発達支援』（風鳴舎）など著作多数。

仲本 美央（なかもと みお）

白梅学園大学子ども学部・大学院子ども学研究科教授。現在、保育現場における絵本や物語を読みあう活動や保育者研修プログラムの開発、「インクルーシブ保育」に関連する研究に取り組んでいる。『シリーズ今日から福祉職　押さえておきたい児童福祉・子ども子育て支援』（ぎょうせい／編著）など著作多数。

[**事例協力園**]（写真・資料提供）＊掲載順

社会福祉法人さがみ愛育会　愛の園ふちのべこども園（神奈川県）
社会福祉法人翔の会　うーたん保育園（神奈川県）
学校法人希望学園　葛飾こどもの園幼稚園（東京都）
社会福祉法人風信子館　風のうた保育園（沖縄県）
社会福祉法人泉の園　認定こども園 風の丘（千葉県）
学校法人草木原学園　せいしん幼稚園（東京都）
学校法人朗峰学園　長谷幼稚園（神奈川県）
学校法人西那須野学園　認定こども園 西那須野幼稚園（栃木県）
社会福祉法人みなと福祉会　港川保育園（沖縄県）

[**表紙写真**]

小西貴士（こにし たかし）

写真家。森の案内人。京都府生まれ。現在、八ヶ岳南麓にて教育学者・汐見稔幸氏らと共に開村した保育者のためのエコカレッジ「ぐうたら村」の管理人も務める。2010年の創刊以来、『保育ナビ』（フレーベル館）の表紙を担当。『子どもと森へ出かけてみれば』（フレーベル館）など著書多数。

[イラスト] 秋野純子（p78）
[画像提供] 株式会社カグヤ　「ミマモリング」
　　　　　　（p35で掲載のソフトウェア）
　　　　　　https://www.caguya.com/hoikunavi/mimamoring/
[編集協力] 株式会社こんぺいとぷらねっと　上井美穂

保育ナビブック

子ども一人ひとりがかがやく 個別指導計画
～保育現場の実践事例から読み解く～

2022年6月15日　初版第1刷発行

著　者　市川 奈緒子　仲本 美央
発行者　吉川隆樹
発行所　株式会社フレーベル館
　　　　〒113-8611　東京都文京区本駒込6-14-9
　　　　電話 [営業] 03-5395-6613
　　　　　　 [編集] 03-5395-6604
　　　　　　 振替 00190-2-19640
印刷所　株式会社リーブルテック

表紙デザイン　blueJam inc.（茂木弘一郎）
本文デザイン　ベラビスタスタジオ（岡本弥生）